登山王——高銘和與會友合影

亞太影后陸小芬與讀書會會友合影

快樂的宇宙讀書會

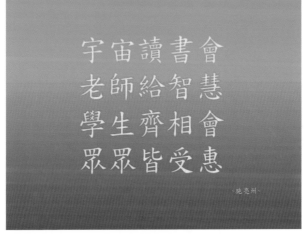

宇宙讀書會
老師給智慧
學生齊相會
眾眾皆受惠

~施亮州~

房地產名作家施亮州讀書會頌

股票大師黃賢明與會友合影

32 年讀書會，一步一腳印

讀書會咖啡烘焙知性之旅

創會會長曾文龍路上巧遇第一屆資深會友蔡秀美。蔡小姐參加了20 餘年，曾經擔任財務長。

宇宙讀書會登山隊登玉山

讀書會友玉山旅遊活動

讀書會游泳聯誼

讀書會浮潛活動

全面成長4

「宇宙讀書會」創會32年紀念　增訂新版

宇宙讀書會32年操作實務

曾文龍 博士／編著

目錄

貳、讀書會的規章

參、讀書會操作實務

伍、火花激盪——書友往來信函

陸、最近20年的部分心得與火花㈠

書香傳播 遍地開花

捌、最近20年的部分心得與火花㈢

玖、創會會長手寫詩文

後記——新書預告及會友芳名錄

宇宙讀書會歷任會長簽名錄

眾多名人到讀書會

【序一】

宇宙讀書會32年

本人於民國75年5月創辦「讀書研究會」，因為32年前，鑑於社會雖有一些「聯誼會、演講會的組織，但總是聯誼性質性多，輕鬆愉快多，回去之後大約不出幾天就把效果淡忘了」，因此乃籌組「讀書研究會」。可能因為本人所訂的讀書會規章（見第27頁）尚屬合理有效，開會交流時「發現發言熱烈，切磋交流、效果尚屬不錯。有趣的是，未正式開會前，先到的會友皆是『鴉雀無聲』的翻閱書籍，彷若準備聯考般，迥異於一般聯誼會的打躬作揖『應酬』，笑聲爽朗。」

32年來歷經多位會長的辛苦帶領（曾文龍、高順鎰、張芳寧、陳清祥、吳文良、蔡素瑛、陳和睦、游家昌、陳貞彥、王妃緗、廖文政、林淑芬、顏永雄、林寶幸、林學賢、謝志皇、吳柏釁、鄭國春、蔡馥蔓、林大偉、蔡穎華、林詠心），眾會友的熱心參與、無私奉獻，32年從未間斷，上山下海，在每個月不同主席的創意下，開會地點千奇百怪，百花齊放，或在飯店宴會廳、或在茶藝館、或在速食店、或在餐廳、或在會友的家、或在會議室、或在演講廳、或在山之巔、或在海之湄，不管店大店小、不管吃大餐或便當，有的主席甚至帶大家去看電影後大家討論交流、或去聽演奏會，或有人請客吃大餐後又一齊去聽歌……，各式各樣不同型態，增廣大家眼界，讀萬卷書、行萬里路，都大大提升了心靈的深度與廣度。

本書上一次出版在1998年（民國87年），也就是讀書會創辦12年後。現在已經32年了，歲月匆匆，又過了20年，更是需要把本書增訂再版，並將書名改為『宇宙讀書會32年操作實務』，是希望將如何經營一個讀書會，並讓其長久運作順暢的方式提供給社會大眾參考，讓書香永流傳，並送給會友留存紀念。

本會是臺灣最早也是最長壽的讀書會，從來也沒有想到會存活到今天，並帶動了臺灣地區許多讀書會的創辦。本書提到的本會規章、開會方法、內涵，都或多或少影響到這個社會。其影響力甚至遠到中國北京。去年北京房天下集團董總監來信，說我寫的讀書會的書，對他們幫助很大，希望我能在書上題字，並且要在北京推廣讀書會，說我若有到北京和上海的時候一定要告知她，他們有酒店要熱烈招待我。20年前寫的書，沒想到有這樣的遙遠的迴響，確是始料未及。

此次新書的編輯完成，要特別感謝林寶幸前會長提供大量古代的珍貴宇宙讀書會活動資料，特別感謝民國88年出現的「文膽」羅淑芬連續幾年每個月熱情地為大家整理了每次的讀書心得，生花妙筆非常精彩，以及林詠心現任會長提供這幾年開會的活動資料，更要感謝眾多會友的熱心參與、眾志成城、聚沙成塔、無私奉獻，推廣書香，助益國家社會，永恆的紀念。

曾文龍

2018年3月18日

【序二】

宇宙讀書會，平台無限大

曾文龍

老中青，皆 Welcome

任何職業，皆 Welcome

每月不同主席，風采殊異

不同主席選不同書，百花齊放

不同主席選不同聚會點，萬馬奔騰

宇宙讀書會已活了32年

每一屆的會友，皆 Welcome 隨時回來

那種溫馨與歡語正如同

回到另一個家

96年3月11日（11年前寫的）
107年3月11日 修訂

宇宙讀書會會員招募三重好禮大放送

◎ 宇宙讀書會沿革：

1986年　5月　曾文龍先生創辦《不動產讀書會》並擔任首屆會長
1991年12月　經濟日報專訪不動產讀書會會長
　　　　　　曾文龍先生再創辦《宇宙讀書會》並兼任會長
1992年 12月 曾文龍先生應邀參加經濟日報主辦之企業演講
1993年　4月 中央日報採訪《不動產讀書會》
　　　　　　遠見雜誌採訪《不動產讀書會》
1994年　9月　與《毛毛虫兒童哲學基金會》《袋鼠媽媽讀書會》受邀
　　　　　　參加讀書會領導人交流座談會
1995年　　　連任八年《不動產讀書會》之曾會長卸任
　　　　　　由宇凡企業總經理高順鎰擔任第一位民選會長
1996年　　　第一位女性會長張芳寧出線 擔任新會長
1996年　　　《不動產讀書會》《宇宙讀書會》兩會合併爲宇宙‧不動產讀書會
1996年　4月 接受天衛文化圖書公司採訪
1997年　　　傑出經理人陳清祥擔任新會長
1998年　　　游走三台名編劇及製作人吳文良擔任新會長
1999年　　　蔡素瑛擔任新會長 準備帶領讀書會跨越新世紀
2000年　　　師大體育系教授陳和睦接棒
2001年　　　龍巖建設 總經理游家昌任新會長
2002年　　　陳貞彥建築師事務所主持人陳貞彥建築師任新會長
2003年　　　開屏機構總代表王妃緗任新會長
　　　　　　讀書會登山隊正式成立 第一任隊長劉建平
2004年　　　今利來貿易公司董事長廖文政任新會長 登山隊第二任隊長林學賢
　　　　　　目前會友已達 46人
2005年　　　熱烈期待您的加入 ~~~

◎爲慶祝本次『與財富有約』聯合活動圓滿成功，
宇宙讀書會特推出活動期間加入會員者，立即享有三重好禮 --------

第1重：得享全年12場精采講座或好書導讀，及會員專屬權益。
第2重：活動期間，自即日起到10月底，凡加入會員並繳交明年會費新台幣5000元整，馬上享有11月金門之旅三天兩夜之會員優惠價。
第3重：即日起凡加入會員並繳交明年會費者，再送12月年終尾牙聚餐免費參加資格。

◎ 閱讀好書、增廣視野、擴展人脈、專屬權益，哪有這麼好康的事？
加入宙讀書會就能滿足您的需求，讓您 ************************************

腦袋充滿知識，口袋裝滿財富，培養強健體魄，圓融人際關係

機會真的有限！等您一起來『作伙』喔！

自序

筆者於民國七十五年五月創辦「不動產讀書研究會」，及八十年十二月創辦「宇宙讀書會」，歲月流逝，前後竟也邁入第十二個年頭了。

可幸運的是，這兩個團體皆還存在，第一代的老會友亦仍存在不少，不得不離開的會友亦時有聯繫，他們甚至到其他地區創辦了更多讀書會，真正做到了以書會友，砥礪成長，友誼常存之人生溫馨。

十二年前創辦「不動產讀書研究會」時，讀書會在台灣尚屬鳳毛麟角，因此至今尚未「陣亡」的我們讀書會，常被稱為全國最老的讀書會！筆者有感於最近幾年台灣地區讀書會的風起雲湧，兩年前即想把多年來參與讀書會的心得，編寫成書，一方面予會友作為紀念，一方面可與其他讀書會作為切磋交流，以及作為想參加讀書會或組成讀書會的朋友參考。因此在兩年前，即邀請讀書會會友交出讀書心得以「共襄盛舉」，在事務倥傯之際（如果也算藉口），竟然遲至今日方能「大功告成」，實在覺得慚愧。

本書除了記敍「宇宙讀書會」及「不動產讀書研究會」，尚有友會「快樂讀書會」、「七七讀書會」、「樂生會」、「長誼讀書會」等之資訊與大作等，一併供大家參考。

雖說讀書會團體已興盛成風，然而能辦得溫馨活潑卻非易事，而能長久聚會不流於「短命」更是難爲之事！謹以此書，與全國讀書會的朋友，及全國愛讀書的朋友，一齊共勉共勵啊！

曾文龍

86、11、1

莫泥齋

壹

讀書會的巨大力量

讀書會頌

這是一個　令人嚮往的地方
這是一個　美妙的夜晚

這裏　有芬芳的書香
這裏　有親切的笑容
這裏　有明亮的氣質
這裏　有溫馨的友情

這是一個　令人嚮往的地方
我們珍惜　每一次相聚的夜晚

我們咀嚼　每一本書的智慧
我們把握　每一次發言的光輝

這真是一個　令人嚮往的地方
我們以　參加讀書會爲榮
我們以　芬芳的書香美容
邁向　無限的開闊成長！

不動產讀書研究會
宇宙讀書會　曾文龍

有感於第一次參加讀書會的宋牧師清唱「這是一個令人嚮往的地方」而作
82、6

大家都來組織讀書會

敝人有感於社會人士雖早自學校畢業，但欲追求最快速最廉價的「質變」，恐怕仍在讀書一途，更有感於多年來的建築業雖有一些聯誼會、演講會的組織，但總是聯誼性質性多，輕鬆愉快多，回去之後大約不出幾天就把「效果」淡忘了。於是乃有在今年五月籌組「讀書會」之舉，邀約與房地產有關的好友，並「刻意」在各有關行業約各找一位（如建設公司、代銷公司、建築師、政府官員、估價公司、文化單位……等）共同組成應是台灣地區首創的「不動產讀書研究會」，迄今已歷數月，發現發言熱烈，切磋交流，效果尚屬不錯。有趣的是，未正式開會前，先到的會友皆是「雅雀無聲」的翻閱書籍，彷若準備聯考般，迴異於一般聯誼會的打躬作揖「應酬」，笑聲爽朗。

讀書會的成員不在多（甚至不能多），因大家皆須發言，「無人倖免」，時間有限也。試驗數次下來，敝人深覺這實在是良好的進步活動，因此願將讀書會的好處臚列如下，以供切磋參考。

1.只要參加，立刻受益。因每月皆讀一本書，每月一過，起碼表示大家多了一本「新書」，而且讀了一本書。古人言「開卷有益」，豈是誑言！

2.一坐上會議桌，立刻繼續受益。可以分享到其他人的不同心得，可切磋，可辯論，還能磨練口才與風度呢！

3.這裡沒有名，沒有利，只有知識，只有感情（「同學」的真純感情）。但「知識即是力量」，一切真正雄渾的力量皆來自知識。

4.人人參與，人人討論，大家都是學生，大家都是教授。

5.用團體的力量強迫讀書（有幾個人離開學校後還能真正專心讀幾本書）強迫成長！

6.每月讀一本書，每年讀十二本書，十年讀一百二十本書，不只讀，還要研究，這種累積的成果應屬驚人。

7.這是一個提高「品質」的聚會。

8.可提高讀書風氣，改變氣質，並有略益於出版事業。

9.國父言「革命的基礎在於高深的學問」，高深的學問須靠不斷的讀書而來。

10.中國古人對於影響人生的因素有一種看法——「一命、二運、三風水、四積陰德、五讀書」。命、運、與風水常非吾人所能掌握，吾人最能掌握的是積陰德與讀書，「讀書」能擠入排行榜，可見讀書實可「造命」，可助益改變人生。

有「意思」的朋友，盍興乎「組織」之！

七十五年十月

經濟日報催生了「宇宙讀書會」

經濟日報記者余友梅小姐於民國八十年十二月七日對「不動產讀書研究會」的採訪報導（如附錄），竟意外催生了新的讀書會團體——宇宙讀書會！

《讀書會大串聯：經驗篇②》

讀書可以「造命」

不動產讀書研究會追求質變

◎余友梅

成立已五年半的「不動產讀書研究會」，在每月讀一本書的情況下，至今已讀了六十幾本書籍。由於一開始就在與房地產相關行業（如建設公司、代銷公司、建築師、政府官員、估價公司、文化單位……）中刻意尋找會員，於是形成了台灣地區首創的「不動產讀書研究會」。

會長台北市房屋仲介公會理事、玉鼎建設廣告公司總經理曾文龍指出，近年來除了會員移民或搬遷至南部，否則均保持每月最後星期三晚上的固定聚會。而會員人數也一直控制在二十人左右。

曾文龍說，中國古人對於影響人生的因素有一種看法：「一命、二運、三風水、四積陰德、五讀書」。這其中一般人最能掌握的是積陰德與讀書。而讀書能擠入排行榜，可見讀書可以「造命」，讀書是追求最快速最廉價「質變」（變化內在修為與氣質）的方法。

以下是曾文龍提供的「不動產讀書研究會」章程：

一、宗旨

本會於民國七十五年五月創立，集合各方才俊，每月研讀一本書，作知識之交流、識見之擴充，心靈之無限提升。（不限研讀房地產書籍）

二、規則

①開會時間為每月最後星期三晚上七時半。

②每次開會，發下月開會的書，讓大家有一個月時間研讀。

③開會時，每人皆須發言，長短不拘，但第一次發言，時間須控制在十分鐘以內。

④某人發言後，其他人可參與討論，抒發自己心得。

⑤有相異意見激辯，非常歡迎。

⑥稱讚、引申、批評、反對，皆所歡迎。

⑦每次開會由會員輪值主席，主席有權建議當月研讀書本及聚會地點。

三、要求

①開會前須努力看書，使發言更有見地。

②寧可早到。可再復習書本，或作友誼之交流。

③有事晚到亦可，但最好先打招呼。

④體認開卷有益，讀書為人生樂事，莫輕易怠惰。

⑤會員建議，至為重視，請踴躍發表。

⑥有事不能參加，可請假，三次無故不到，留會察看。

四、會員

①年費二千元（暫定），供買書及飲料用。

《工作倫理》

以「三心」做事

◎吉　梅

不管您是自行創業當老闆，還是受雇於人當夥計，要以什麼樣的態度做事，才比較討人歡心與信任？

曾在貿易界工作長達近二十年，最近自行創立一家專賣歐洲風味家飾品的「鄉居情懷」商店負責人盧小姐認為，時時抱著「三心」——耐心、細心、關懷心來做事，一定能左右逢源，無往不利。

她說，以前在貿易公司上班時，主要是負責採購的工作，由於她做事很有責任感，處處站在老闆的立場來考量，譬如外國客戶要她下訂單時，她一定本關懷顧客喜歡什麼樣的東西，再以無比的與細心，從一大堆目錄選出顧客喜歡的貨品，貨品進來之後，顧客能理的價格買到賞心悅目西，東西賣得好，自然老闆賺不少錢。

如此一來，她在老闆戶、顧客之間都很受到歡

現在她自己創業，仍「三心」的工作態度努力做因而，在客戶、顧客、之間也滿吃得開。

所以，她覺得，不管演何種角色，常以「三的態度工作，在任何場會受到歡迎。

高品質＝零售後服務

《品質之旅‧歐洲篇》

法國安鏡紐光學公司

以研發追求高[illegible]

讀書會可以舒心強國！

一、借問讀書何處有

台灣的酒廊之多，是世界聞名的。

台灣的色情場所之多，是世界聞名的。

許多社會人士，下了班之後，除了應酬，還是應酬。若沒有如此多的應酬與徵逐聲色，當然，就養不起這麼多的聲色場所了。

相對的，下了班而共聚一堂研讀知識的讀書團體，亦有如鳳毛麟角了。讀書，是當學生的事，是考試的事，畢了業，誰還熱衷唸書呢？打打麻將豈不更舒服？

近一個月來，經濟日報副刊對國內少數讀書團體的介紹與肯定，不但獲致許多讀者的迴響，顯然對提倡書香社會，增進人力品質，作了正面與有力的貢獻！

如以筆者在七十五年五月所倡辦的「不動產讀書研究會」爲例，經過經濟日報記者余友梅小姐於八十年十二月七日刊載採訪稿後，該篇文章雖無登載筆者電話，然而卻在兩天之內，接到十幾位不同行業的主管級朋友，表示希望能參加「不動產讀書研究會」這個純讀書的團體。然而原先的團體人數早已飽和（因爲，大家都要發表讀書心得，人數不宜太多）。本人在「困擾」之餘，在受到這些朋友的熱情感動之餘，只好「被迫」另組新的「讀書研究會」，並已於十二月二十日晚上正式成立大會。讀書，是自家的事，是默默耕耘的事，這樣的因緣，是我始料未及的，是非常突然的，影響力廣大的經濟日報「派」給我這樣的工作，也只好欣然就任了。

二、追求知識永不老

第一次的會議，開的非常圓滿。這些朋友來自貿易公司、保險公司、建築公司、律師、航空公司、出版公司……等各行業的資深優秀人士。他們參加的動機，主要來自兩種：⑴喜歡讀書，追求不斷的成長。⑵希望藉由團體的力量，強迫自己讀書成長。不管那一種，這種精神皆是可貴的。事實上，讀書團體不同於一般的酒肉團體，這裏花費最少，卻最容易交到真誠的朋友。因爲「同學」的感情是純真的，交談的過程是理性而溫馨的。這個新的讀書團體，雖然只開了一次會，然而卻馬上從原來的毫無認識變成熟悉與關懷，這樣的感覺確實非常溫馨。有緣千里來相會，目標明晰與健康——透過讀書追求成長與突破！這樣的空氣，實在非常乾淨。

古人之「活到老，學到老」，筆者以爲，最難讀的書本絕不在大學，不在研究所，而卻是在「社會大學」。然而若透過立法院的「惡形惡狀」，透過聲色場合的聯誼，卻絕對學不到社會大學的健康精髓，然而吾人若透過讀書會、研習會、演講會……等一些社會求知的團體，則能逐步一點一滴累積正面與積極的實力。筆者曾經在所謂的「老人大學」授課，這些老學生最年輕的已六十多歲，最老的竟也有八十幾歲，比中華民國還要老了。他們真正作到了「活到老，學到老」的人生真理。他們的表現非常積極與認真，提出的問題非常活潑與多元，爲人非常的謙虛與熱情！原來，追求知識的人，身段一定靈活，永不會老，而追求酒肉的，卻容易百病叢生，未老先衰！

三、清粥小菜有黃金

日本人的追求知識與勤於讀書，是世界聞名的。

日本人的富強與不斷領先，是世界聞名的。

我們的兄弟會，酒肉會，各式名稱的俱樂部實在夠多了。唯獨讀書的風氣並不興盛，買書的風氣亦很貧乏。台灣之所以暴發味濃，文化水平不高，這些都是原因。

筆者願在此呼籲，讀書可以創造命運，讀書可以改變命運，書中自有黃金屋，然而所花的成本卻是最廉價的。全國各地的熱心人士，何不效法組織兄弟會的熱情，也組織讀書會，或乾脆改爲讀書會，換一些「清粥小菜」，必能延年益壽，其樂融融！

茲將讀書會的好處列述如下：

1.用團體的力量來督促自己唸書，免於私下之懶散與怠惰。

2.若規定每個月研讀一本書，則一年十二本，五年六十本，這樣日積月累的效果是驚人的。

3.縱算五年下來不夠認真，然而書架上多了六十本書，它，永遠忠誠的陪著你，然而五年間，你所喝的酒，吃的肉呢？

4.書是你最忠實的朋友，絕不會背叛你，除非你背叛它。

5.書是最廉價的朋友，是你最細微的投資，而它永不消耗，永遠存在！（你十年來換了幾部心愛的轎車呢？）

6.可結交純真朋友，書香朋友，而非酒肉朋友。

7.透過會議，大家相異的見解可交流、衝擊、互動、而快速提昇視野與見解。

8.可磨練風度與口才。

9.「書中自有黃金屋」，知識即是力量！

10.「一命、二運、三風水、四積陰德、五讀書」，讀書可以潛移默化，可以改變氣質，可以「造命」！

11.減少喝酒與吃肉的時間，提高讀書風氣，促進出版事業，總之，大家健康！

81、2、5
經濟日報

勤練外丹功
中老年人受益多

每年暑假，同學聚會一定會談及：誰的精神真好，誰的頭髮怎麼這麼亮麗烏黑？她們回答說：「精神好、頭髮黑是練外丹功的」。我當時聽完之後，卻也不太注意什麼是外丹功。

我家靠近國父紀念館，中山公園是人人嚮往的地方，清晨人們都聚集在那兒做各式各樣的運動，我也不例外，去做早操和國術操。

有一天，碰到住在同一棟三樓的石太太，我們在電梯口遇見，我問她做甚麼運動？她答說：「外丹功。」那時外丹功場地是在忠孝東路那邊，我家是在仁愛路這邊，沒有看到他們怎麼練，機會又錯過了。

直到七十五年九月的某一天早晨，我看到一排人、排著整齊的隊伍，面向東方邁仙路，在練外丹功。我在受過鍛鍊，看人家個個功夫那麼好，很是羨慕，仍毅然參加新班，由陳老師擔任教學，兩星期後，參加舊班。這是國父紀念館長青班，由張文華校長負責，從星期日到星期六，每日換一位老師示範，喊口令。

他們都和藹可親，練功的時候，常常指導的透露一些訣竅給我們，使我們身心受益不淺，比如說練功時，功架要擺好，舌尖頂上顎，眼睛平視，收下巴，排除雜念，呼吸自然，手會朝前，食指突出，五指分開，虎口張開，膝蓋微彎，開始抖動時，要輕、柔、穩，要心存善心，面帶笑容。

這幾年下來，我們練過張志通大師所授的中華國粹外丹功十二式，導引強身功，護功。

自從我練功以後，比較明顯改善的體質有：行動變得很敏捷，有精神，耳鳴逐漸消失，頭不疼痛，腰腿不酸、鼻子暢通、腰間骨刺不再疼痛，睡眠深沉，很少感冒……等等。

五年了，我從不間斷練功，即使因為有事不能去參加，在家中也會找機會補練，老師說：「一天不練功，三天補不過來。」可不是，我曾經三天不練功，結果全身關節疼痛，腰也彎不下去，習慣了，不練功心中總覺得難過。凡事只要持之以恆，成功，定屬於你。

讀書可以舒心強國

■上班族讀書樂

／曾文龍

的憑藉與膚淺聲色，當然，就要不起這麼多的聲色場所了。

相對的，下了班而共聚一堂研讀知識的讀書團體，卻是鳳毛麟角了。讀書，是屬學生的事，是考試的事，畢了業，誰還熱中於讀書呢？打打麻將豈不更舒服？

以筆者在七十五年五月所創辦的「不動產讀書研究會」為例，經過經濟日報於八十年十二月七日刊載採訪稿後，該篇文章雖無登載筆者電話，然而卻在兩天之內，接到十幾位不同行業的主管級朋友，表示希望能參加「不動產讀書研究會」這個純讀書的團體。

然而原先的團體人數早已飽和（因為，大家都要發表讀書心得，人數不宜太多），本人在「困擾」之餘，在受到這些朋友的熱情感動之餘，只好「被迫」另組新的「讀書研究會」，並已於十二月二十五日晚上正式成立大會。讀書，是自家的事，是默默耕耘的事，于我的因緣，是我始料未及的，是非常突然的，影響力廣大的經濟日報「一振」給我這樣的工作，也只好欣然就任了。

第一次的會議，開得非常圓滿。

與會者會員在所謂的「老人大學」

公司……等各行各業的菁英優秀人士。他們參加的動機，主要來自希望：(1)喜歡讀書，追求不斷的成長。(2)希望讀書團體的力量，強迫自己讀書成長。不管那一種，這種精神皆是可貴的。事實上，讀書團體不同於一般的酒肉團體，它開花費最少，卻最容易交到真誠的朋友。因為，「同學」的感情是純真的，交談的過程是理性與溫馨的。這個新的讀書團體，雖然只開了一次會，然而卻馬上從原來的差異變成熟悉

與關條，這樣的盛會確實非常溫馨。有緣千里來相會，目標明晰與健康——透過讀書追求成長與突破，這樣的空氣，實在非常乾淨。

古人之「活到老，學到老」，筆者以為，最難讀的書本絕不在大學，不在研究所，而卻是在「社會大學」。然而若透過立法院的「選形諸狀」，透過聲色場合的靜消，卻經對學不到社會大學的健康精髓，然而各人若透過讀書會、研習會、座談會等，擴社會未知的團體，即能進步一點，而更積極正面與積極的實力。

中華民國要變成了「活到老，學到老」的人生真理。他們真正實踐他們的表現非常活潑積極與認真，提出的問題非常活潑與多元，為人非常的謙虛與熱情。原來，追求知識的人，身段一定靈活，永不會老，而追求酒肉的，卻最易百病叢生，未老先衰！

日本人的追求知識與勤於讀書，是世界聞名的。

日本人的富強與不斷領先，是世界聞名的。

我們的兄弟會、酒肉會，各式各樣的俱樂部實在夠多了。唯獨讀書的風氣並不興盛，讀書的風氣亦很貧乏。台灣之所以物慾氾濫，文化水平不高，這些都是原因。

筆者願在此呼籲，讀書可以創造命運，讀書可以改變命運，書中也有黃金屋，然而所花的成本卻是最廉價的。全國各地的熱心人士，何不效法組織兄弟會的熱情，也組織讀書會，或甘願改為讀書會，換一些「清粥小菜」，必能延年益壽，甚舉解除！（本文作者為文化大學不動產研習班主任）

81.2.5

暢 惑

◎官如玉

透過一個人所閱讀的書，可以瞭解他的性向，透過社會大眾所閱讀的書，或許也能掌握這個社會的脈動。現在，就讓我們從去年的書市來感覺一些社會脈動。

在去年的書市混戰中，文學類書籍仍是常勝軍，其中搭配連續劇、影集及電影使連帶走上暢銷之路的書，不可勝數。「清秀佳人」、「牯嶺街少年殺人事件」、「家夫歡一」、「浪漫的美年」、「震向」、「滾滾紅塵」、「寶金花」等，使

超過一五〇版的記錄，剛出版的第二集，初版便印了四萬本，最為驚人。

此外，林清玄的「身心安頓」，則奪得金石堂年度暢銷新書排行榜榜首。

漫畫類書籍去年也横掃書市，其受大、小朋友喜愛的程度，由此可見一斑。

去年文學類書籍也吹起一陣「兩岸同步」風。其中，最成功的例子應屬中華書局所出版的「飄」續集。

書」在年度暢銷新書排行榜中，高居第四。

「實用歷史」類書籍可謂異軍突起。由遠流出版公司所策劃推出的這一系列叢書，本著「把人類歷史當做一個（或無數個）大個案」的基本概念，讓讀者浸淫在某個時代的思考環境，來體會歷史人物的限制與突破，進而對現時世界有新的想像。該系列書籍強調，透過了解歷史人物的處境與方案，讀者可以找到另一種智力上的享受，例如「

讀書會的巨大力量

組織讀書會六年之後，我實在沒想到，竟然有人請我演講「讀書會」之事。如此內部的小團體，居然有單位爲宣導優良讀書風氣請我上台演講關於「讀書會」之事，真是始料未及。（附來函）

筆者從事「不動產及地政」的教學與演講多年，卻從未曾演講過「讀書會」的題目，更不知讀書會要如何作一個題目來講二個小時。筆者在硬著頭皮下，將該次（八十一年十二月五日）演講的題目及大綱訂爲如下：

讀書會的巨大力量

綱要：

1. 人人可組讀書會
2. 讀書會如同天界論道

3. 讀書會的巨大成效

4. 讀書會的規章研究

5. 讀書會可以舒心強國

該次演講，蒙來賓的熱絡回應，應已達到一些效果。曾請好友錄音，想把錄音帶整理出來，但好友卻缺席。演講細節，於今已無法回憶了。至於綱要二之「讀書會如同天界論道」，其靈感乃來自會友吳文良君（現為電視台之名編劇）在第一次參加讀書會時，開會地點正好在某茶藝館，氣氛古典，仙煙裊裊，感動於開會氣氛及發言內容之精采時，有感而發提到「參加讀書會，聽大家發言，正如同在天界論道。人的一天，皆可經歷六道輪迴（即天道、人道、阿修羅、畜生道、餓鬼道、地獄道），嚐遍各式各樣的幸福與痛苦，而讀書會就如同在天界了」！其比喻，美妙而有趣，原來，能參加讀書會的朋友，都是非常幸福的！

那時，「不動產讀書研究會」與「宇宙讀書會」皆正分別蓬勃展開，會友高順鎰君（貿易公司總經理）戲稱：「曾兄，你乾脆再多辦幾個讀書會，這樣每個禮拜都有讀書會要參加，可作爲專門職業了！」我笑說：「這樣那我的名片就可印：『職業：讀書會』，而收入卻恐怕是零了！」

86年12月5日

書籍——當代眞正的大學。

——托烏斯．長萊爾

劉董事長 您好：

本報定於十二月五日(週六)下午2:30~4:30假本報會議室舉辦企業建立讀書會專題演講，本系列演講北部地區共舉辦四場，已陸續邀請聯廣董事長賴東明，知行會前任會長鄧永?現任會長蔡天松及華視趙怡經理等人主講(茲附寄本活動部分文宣供您參考)

現為提供本報讀者更多元更廣泛之成立讀書會的經驗，誠摯邀請您担任十二月份讀書會主講，希望您能撥冗演講。

敬祝

商祺

經濟日報
蔡??敬上
81.11.23

P.S. 1. 先寄企業讀書会一書一本請查收。
2. 本報總経理將另致函。

NOMIC DAILY NEWS
訂報專線
02) 7612790 桃園 (03) 3382917
04) 2367471 彰化 (04) 7615442
06) 2255424 高雄 (07) 2911632

曾董事長文龍勳鑒：

本報爲倡導優良讀書風氣，定十二月五日(週六)下午二時三十分至四時三十分於經濟日報(台北市忠孝東路四段五六一號九樓)舉辦「企業讀書會」系列講座。

特函邀請撥冗演講，以啓迪後進，敬祈惠允賜覆。耑此

順頌

時綏

經濟日報 總經理 楊宏志 敬上
中華民國 八十一年十一月二十三日

發展汽車

工業局有意把防

（記者林天良－台北）

國產車的配備日益高級化，經濟部工業局將推動一連串關鍵汽車零組件國產化的計畫，並把防鎖死煞車系統、空氣氣囊、電子儀表板等高級配備納入。

但這項計畫卻因我國有意加入關稅暨貿易總協定，汽車工業政策可能會做大幅度修正，汽車業者配合開發的意願目前不是很高。

一位經濟部官員表示，近年東南亞、墨西哥、大陸汽車工業漸漸萌芽，台灣汽車工業若再固守原有鈑金件、塑膠件等較低技術層次的汽車零組件，不發展較高級的零組件，將很難生存下去，經濟部近日將邀請整車廠開會，希望透過整車廠的採購，厚植台灣發展高級汽車零組件的實力。非萬不得已，政府並不想動用自製率這張王牌，迫使廠商就範。

一位業者指出，單開發防鎖死煞車系統一項可能就要投資十億元以上經費，

明年秋冬

鞋技中心分析新

（記者簡鳳嫜－台中）

中華民國流行顏色協會秘書長陳卓雲說，運動鞋顏色將朝多彩化發展，明（八十二）年秋冬運動鞋的重點色為桃紅色及土耳其色，環保色系也是流行主題，彈性布料因變化性大，可使鞋色與運動服顏色做更完美搭配，值得廠商開發採用。

財團法人鞋類設計暨技術研究中心昨（一）日舉辦一九九三年運動鞋發展趨勢研討會，邀請陳卓雲做運動鞋流行顏色分析。

陳卓雲說，廠商在推出產品時，會依產品不同特性做不同顏色的搭配，一方面以搶眼的顏色強調鞋款特殊功能性，另一方面則以多種顏色來做美學搭配，通常採用四種以上顏色時，

農會補貼農民購買

農藥業告狀

（記者李娟萍－台北）

農會補貼農民購買農藥，雖屬依法行事，但農會形同農藥配銷單位，則有扭曲農業推廣的功能之嫌，行政院公平交易委員會將深入追查農會的作法是否違反公平交易法的精神。

台灣省農藥商業同業公會聯合會、台南縣農藥商業同業公會等農業銷售團體先後向公交會提出申訴，農會管理農民購買農藥，影響農藥零售業的市場競爭。公交會昨（一）日邀請農業學者專家，就此事舉行公聽會。

農會補貼農民購買農藥的經費主要是來自農會本身的利潤，從中提撥六二％，作為農業推廣費用，農會依據農會法第四條規定，可以在推廣農業的前提下，獎助農民。但令農藥零售業者不滿的是，台灣省農藥化學廠生產的農藥，及部分農會自行進口的農藥，

現在電腦螢幕上，甚至彩色電視機也可供顯像。

皇統資訊公司總經理李皇葵說，皇統最近完成一套收集國中英文課本的唯讀型光碟片，可讓國中生在活潑生動的畫面上，一邊看，一邊學到正確的英文發音。

皇統這一套電腦輔助教學的軟體，即是儲存在唯讀型光碟片上，必須借助唯讀型光碟機讀取，以及音效卡和電腦一起表現。目前，國內因電腦多媒體的應用興起，不少電腦系統廠商推出附有唯讀型光碟機的個人電腦產品，訂價在新台幣一萬五千至六千元間。

製造唯讀型光碟片的廠商錸德公司課長羅宜富說，國內對於唯讀型光碟機仍然相當陌生，只有政府機關用在資料查詢方面，一般使用者還是不了解唯讀型光碟片儲存大量資料的好處。

另一家同業精碟公司林明發說，業者大多以雷射唱片製造起家，因為國內廠商競爭激烈，而國、大陸的雷射唱片工廠陸續營運，不得不開發如唯讀型光碟片等附加價值較高的產品。

林明發說，唯讀型光碟片的應用以電子書市場最為誘人，譬如國外已將大英百科全書整理為一片唯讀型光碟片，日本政府還希望在公元二千年時，所有學生的教材做成唯讀型光碟片，屆時，學生再也不必揹書包上學，因為許多書都成為了電子書。

不過，業者遇到一個棘手的問題，就是可能侵犯新著作權法。皇統公司總經理李皇葵說，他不知道開發出一套學生教材的唯讀型光碟片節目（Title），

兩岸量測業合作仍待溝通

兼顧經濟效益及科技水準　才能互利

（記者王啟清－新竹）

海峽兩岸的量測界人士昨（一）日在工業技術研究院舉行的座談會中，對於兩岸在量測領域方面的合作方式，認為必須兼顧到經濟效益與科技水準，才能夠各取所需，使兩方都能夠各蒙其利。

工研院量測中心主任徐章在主持座談會時，表示來台訪問的四位大陸學者若與台灣本地的廠商建立互信與共識，對雙方都有利。

大陸「中國儀器儀表學會」秘書長陸廷杰報告大陸現有的量測儀器與儀表工業時，說明了大陸現有的各式儀表與儀器工廠的狀況，同時也表達大陸急需要與台灣的商業及商品開發能力相配合，才能夠有較強的國際競爭力，他一再表示大陸已能製造各式的儀表儀器，價廉物美，很適合台灣使用與合作生產。

但是茂盛金屬、詮華電子與三光惟達等公司代表表示，目前大陸雖能夠製造許多種儀表儀器，但品質與技術能力仍有疑問，所以如何合作生產，仍要考慮周詳才能夠進行。

因應微軟

我網路廠

（記者張文菁－台北）

美國微軟公司的視窗版本低階網路，因應市場將帶來的衝擊，我國業者第一套中文視窗版網路作業系統，力開發中。

我國網路廠商的網路作業系統一對點」架構取勝，而世界、OM等，則走高階的市場占有率逐步攀升，以及微軟點對點架構作業系統，顯示點對點也意味我國網路業者將面臨更強烈微軟的網路系統挾視窗環境的業界的矚目。

友訊公司昨（一）日便推出中文

曾教授：

聽了您的"讀書會的巨大力量"之後.
又蒙滙贈"輪與贏"一書.真是銘感之至.
謝謝您賦於我們智慧及導引方針.

花開富貴千祥雲集

竹報平安百瑞駢臻

深摯祝福新年平安如意

The Season's Greetings

AND ALL GOOD WISHES FOR THE NEW YEAR

台裕橡膠工業股份有限公司

TAI YUE RUBBER INDUSTRIAL CO., LTD.

陳清石 敬賀

「讀書會的巨大力量」聽眾回響

貳

讀書會的規章

「不動產讀書研究會」章程

一、宗旨

本會於民國七十五年五月創立，集合各方才俊，每月研讀一本書，作知識之交流、識見之擴充，心靈之無限提昇。

二、規則

1.每次開會，發下月開會的書，讓大家有一個月時間研讀。

2.開會時，每人皆須發言，長短不拘，但第一次發言，時間須控制在十分鐘以內。

3.某人發言後，其他人可參與討論，抒發自己心得。

4.有相異意見激辯，非常歡迎。

5.稱讚、引申、批評、反對，皆所歡迎。

三、要求

1.開會前須努力看書，使發言更有見地。
2.寧可早到。可再複習書本，或作友誼之交流。
3.有事晚到亦可，但最好先打招呼。
4.體認開卷有益，讀書爲人生樂事，莫輕易怠惰。
5.會員建議，至爲重視，請踴躍發表。
6.有事不能參加，可請假，三次無故不到，留會察看。

四、會費

1.年費二千元（暫定），供買書及飲料用。

不動產讀書研究會

會長 **曾文龍**

宇宙讀書研究會章程

一、宗旨

本會於民國八十年十二月創立，集合各方才俊，每月研讀一本書，作知識之交流、識見之擴充，心靈之無限提昇。

二、規則

①開會時間爲每月第三個星期三晚上七時半。

②每次開會，發下月開會的書，讓大家有一個月時間研讀。

③開會時，每人皆須發言，長短不拘，但第一次發言，時間須控制在十分鐘以內。

④某人發言後，其他人可參與討論，抒發自己心得。

⑤有相異意見激辯，非常歡迎。

⑥稱讚、引申、批評、反對，皆所歡迎。

⑦每次開會由會員輪值主席，主席有權建議當月研讀書本及聚會地點。
⑧開會紀錄，將擇精結集成書。

三、要求

①開會前須努力看書，使發言更有見地。
②寧可早到。可再復習書本，或作友誼之交流。
③有事晚到亦可，但最好先打招呼。
④體認開卷有益，讀書為人生樂事，莫輕易怠惰。
⑤會員建議，至為重視，請踴躍發表。
⑥有事不能參加可請假，三次無故不到，留會察看。

四、會費

①年費二千元（暫定），供買書及飲料用。

宇宙讀書研究會
會長　**曾文龍**

「宇宙讀書會」之章程乃沿襲「不動產讀書研究會」章程而來，所差異的是在規則上加了二條：

- 每次開會由會員輪值主席，主席有權建議當月研讀書本及聚會地點。
- 開會紀錄，將擇精結集成書。

因爲根據實務，輪值主席確更可提高大家的參與率，及豐富開會的內涵。

至於將開會紀錄，若能請會員錄音後紀錄，這些精華則能結集成書，不但可供大家紀念，更可反覆思嚼研讀，不斷學益。

台中「七七讀書會」的負責人曾送我一本他們的紀錄「禾碩」，他們確實的作到了這一點！

至於年費二千元，後來已調整到五千元，讓大家多了聚餐聯誼的時間。

宇宙 不動產讀書會

糊塗成功學

李夢悟著

本書不僅可以作爲生活準則
也是商場、政界、人際交往
中不悖的通行證。
本書十大法則、十大戒律讓
你處入世之身，秉出世之心；
以糊塗之態，存聰明之智。

地　點

御園牛排西餐

北市新生南路一段
123號B1F　TEL:7113299

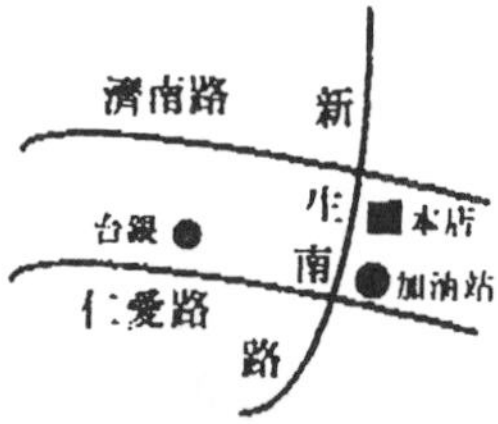

時　間

8/27【三】6:30PM

主持人
昭明法律事務所　廖學興
林春美　敬邀
TEL:3959595

MEET0827

宇宙

讀書會八十四年度收入支出明細表

不動產

日期	摘要	支出	收入
84年度	83年度年費餘額		$65,058
	84年度年費收入（附件一）		$91,250
	84年度雜費支出（附件二） 獎牌重新補字$500 廖學興開幕花籃$2,400 陳清祥東西大學開學典禮$2,500 陳清祥福華開課$1,000 顏錦福立委選舉$10,000 申弦人立委禮品$690 陳文龍花籃$1,500 蔡月琴花籃$1,500	$20,090	
	84年度書費與餐費 三月$10,432 四月$13,192 五月$4,740 六月$7,476 七、八月$10,462 九月$6,995 十月$9,720 十一月$5,860 十二月$6,295	$75,172	
總	計		$61,046

中央日報的採訪

採訪刊登日期：八十二年四月七日。

採訪記者：曹秀雲小姐。

採訪稿摘錄：

「最難讀的書本絕不在大學，不在研究所，而卻是在——社會大學」，這是不動產讀書研究會會長曾文龍的體認！的確，書並不難讀，難的是在於有無一顆想讀書的心！成立於民國七十五年五月的不動產讀書研究會，從一行專業的商業團體，蛻變成一頗具專業水準的讀書團體，最令人感動之處，即在於對「讀書」的堅持！

讀書的好處真多，高順鎰說自己從朱子讀書法中學到了「用耳朵聽書的樂趣」並且藉著讀書可以「提供了一個與作者自由對談的機會與空間！」。而曾文龍認爲「書是面很好的鏡子，讀書讓人學會了管理時間，找時間唸書，並且對自己負責任！」

中央日報
中華民國八十二年四月七日
星期三 【第十五版】

讀書出版

《第三十四期》

本報專刊組／企劃
行政院新聞局／贊助
書法名家李超哉／題字

〈讀書俱樂部〉

●曹秀雲

不動產讀書會

利用讀書「造命」改變人生

「最難讀的書本絕不在大學、不在研究所，而還是在『社會大學』，這是不動產讀書研究會會長曾文龍的體認！」的確，書並不難讀，難的是在於有無一顆想讀書的心；成立於民國七十五年五月的不動產讀書研究會，從一行專業的商業團體，蛻變成一類具專業水準的讀書團體，最令人感動之處，即在於對「讀書」的堅持！

目前有三十餘位會員的不動產讀書研究會，當初創立的緣由「純粹是為了實行開卷有益的想法」，現任某出版社負責人的曾文龍會長道出了讀書研究會成立的動機。而因為所從事不動產專業工作關係，曾文龍的「呼朋引伴」引起了相關同行業界朋友們的注目與認同，彼此間從同業間的「資訊交換、友情聯誼」成熟為一相當有型的專業性團體的讀書會。

每月最後一個星期三晚上七點半是不動產讀書研究會的聚會時間，目前聚會執行的方式是由會員輪值當主席，而主席有權建議當月研讀書本及聚會地點，會員之一的某貿易公司總經理高順溢笑著說：「有次某位主席就將研讀地點選在一家素菜館，而研讀的書籍令人印象深刻的如〈心經〉、〈上海生與死〉……都是相當有味道的書。」

如何讀書呢？名為不動產讀書「研究會」確實大有文章，曾文龍提出一份「不動產讀書研究會章程」，在宗旨、規則後特別列了六項要求，（一）開會前需努力看書，使發言更有見地。（二）寧可早到，可再複習書本，或做友誼之交流。（三）有事晚到亦可，但最好先打招呼。（四）體認開卷有益，讀書為人生樂事，莫輕言息惰。（五）會員建議，全為重視，請踴躍發表。（六）有事不能參加，可請假，三次無故不到，留會察看。明訂這些要求，有些『先小人後君子』的協定意味，曾文龍的想法是：「每年繳了二千元買書、喝飲料年費，最大主旨是在『提高』生活品質，不是浪費時間的！」嗯，如此，研究或許能激勵人對讀書生活的更專心投入吧！

此外，對讀書相當有興趣，而且涉獵廣泛的高順溢加以補充：「不動產讀書會每月讀一本書，每年就讀十二本書，重要的是讀了之後還要『研究』，這麼積下來的成果連自己都會大吃一驚！」

雖然選書工作因每月主席的輪值而有不同的選擇，但因為從事於相近範圍的一個行業，彼此在某些觀念的溝通上，曾文龍說：「往往引起極大的共鳴！」而業界資訊的學習、流通也因彼此的信任與了解而常有肯定的交流；但相對的，「初期，因行業太接近，而往往看其他事物有些許隔行如隔山之感，但後來因大家的有心認同，有許多新朋友加入，使會員們眼界更開！」曾文龍笑著說高順溢是個「實在」的範例，所以「讀書會是個最便宜的自我成長團體了！」

讀書的好處真多，高順溢說自己從朱子讀書法中學到了「用耳朵聽書的樂趣」，並且藉著讀書可以「提供了一個與作者自由對談的機會與空間！」。而曾文龍認為「書是面很好的鏡子，讀書讓人學會了管理時間，找時間唸書，並且對自己負責任！」

從專業的不動產經營哲理中，曾文龍說：「中國古人對影響人生的因素有一種看法——一命、二運、三風水、四積陰德、五讀書。其中，命、運、風水並不是人能掌握，人所能掌握的是積陰德與讀書，可見讀書真可『造命』，幫助改變人生！」您相信這個說法吧！

▶不動產讀書會，以讀書累積智慧的不動產，做為智慧財富的保值工具。

▼高希均認為知識分享是讀書活動中最值得推崇的快樂。

（遠見雜誌陳志銘攝）

遠見雜誌的採訪

採訪刊登日期：八十二年四月十五日

採訪編輯：林惠君小姐

採訪稿摘錄：

「純粹讀書，強調參與」是會長曾文龍認爲這個讀書會最獨特的地方。讀書會沒有其他聯誼活動，開會就是談書，而且每個會員都要報告閱讀心得，並參加討論。三次無故不到的人，還會被「留會察看」。

愛書人在這裡找到了智慧交流的空間。任職於貿易公司的王慧玲以前只是把書看完，現在有了一起談書的同好；而現任立委顏錦福，在台北市議員任內就加入讀書會「廣結善緣」，雖然去的第一天，就有會員質詢他的政治立場，一年多下來，他也成了每次必到的忠實會員。

政治立場鮮明的顏錦福還把自己寫的書「台灣人出頭天」拿到會中討論，接受會員質詢。近來讀書會也開始邀請書的作者，參與會員的討論，讓寫書的人和看書的人一起成長。

從事流通事業的劉榮煌，爲了讀書會，把看電視的時間都省下來看書，只因這種書香聚會「人生難得幾次」。每年年底，會員們就把最後一個月的讀書會改爲年終聚餐，談談對讀書會的感想。顏錦福當選立委時，會員們也買蛋糕爲他祝賀，讓他深感溫暖，「雖然不是每個會員都贊同我的政治理念，但他們都是很真實的朋友。」

當了十年編劇的吳文良估計，這種跨行業的讀書會，在台北市可能不超過十個，值得推廣，「它不像歌友會只爲偶像而存在，它是爲作者的智慧而存在。」加入讀書會已有六年的張芳寧認爲，閱讀得多，思考得就愈多，「不敢說有什麼進步，但一定會有收穫。」

七年來一直擔任會長的曾文龍，期望讀書會能改變一些社會風氣，「那些酒肉交際如果能有一半改成讀書會，社會就祥和多了。」

這羣愛書人正默默地把書香社會的種籽，撒在自己和別人的心田上，讓它發芽、茁壯，期待有一天能綠樹成蔭。

書籍是全人類的營養品。

——莎士比亞

愛書人之會

林惠君

根據統計，日本每人每年看三十三本書；

而在台灣，每人每年看的書不到一本。

一群來自不同行業的愛書人，組成了一個純讀書的讀書會，

想為「太多人應酬，太少人看書」的社會，

闢出一塊書香淨土。

.淨誌 1993.4月15日

天衛文化圖書公司的採訪

採訪刊登日期：八十五年四月

刊登書籍：閱讀運動~讀書會參與手冊

採訪編輯：侯秋玲　小姐

採訪稿摘錄：

「後來，因爲我個人工作忙碌，一個月主持兩個讀書會有困難，所以我就將兩個讀書會併在一起聚會，實際會友大約五、六十位，但每次來參加聚會的人大約是三十人，剛好符合理想的情況，所以就一齊聚會了。」

接著，曾先生滿臉笑容地表示：「在我們這個讀書會裡面，成員中有全國有名的建築師，有立法委員、市議員，幾乎大家都換過頭銜，從經理變成副總或總經理，都是常有的事！我們是真的讓大家獲得成長，同時也幫助了他們在事業上的成就。」

爲什麼能夠這麼神奇地改變一個人呢？「我們每個月聚會一次，每次研讀一本書，而且要求大家一定要好好地研讀書本，一定要發言，這樣一方面可以逼使他們吸收書中的精華，一方面也可以訓練口才。我們讀書會裡最年輕的才二十幾歲，記得他第一次發言時候，一直在發抖，不知道自己講了些什麼，但是他現在口才可好了，處事能力也是累積出來了，上次還辦尾牙，請我們這些『長輩』吃飯呢！」

曾先生在當了八年的會長之後，毅然卸任。「目前我們是一年改選一次會長，大家投票決定，通常是由資深的會友擔任；另外有一位財務長，負責收會費和付錢。會費都是取之於會友，用之於會友，我們是統一購書，所以就算沒有參加討論，每個人還是會有一本書，個人自行研讀也很不錯。」曾先生仔細地說明了讀書會的運作：「每一次的聚會都由其中一位會友當主席，大家輪流擔任，主席有選書和選場地的權利。我們不必動用表決通過是不是要看主席選的書，因爲每個人一年都難得當一次主席，如果他不好好珍惜這樣的一次機會，那就是他自己的損失了！而聚會的場地，以前是在我公司的辦公室，後來就任由主席選擇，通常都會選在吃飯的地方，因爲吃飯也需要花錢嘛，所以我們的會費就比以前高了。還有，因爲每次聚會大概都有三十個人，所以一定要嚴格控制發言時間，否則講到天亮也講不完！總而言之，我們讀書會的原則就是：不能混，一定要讀書、要發言，而且要精簡扼要。」

當了八年會長的曾先生，對於帶領讀書會的心得是什麼呢？

他神采奕奕地說道：「其實，不動產讀書研究會可以算是臺灣讀書會的先驅，讀書會帶給大家知識的成長和友情的成長，實在是點滴在心頭，有些會友甚至把這個讀書會當成是他的精神寄託、他的宗教信仰了！我要很真誠地說一句，讀書會真的是『本錢很少，利益很多』的團體，一本書也不過才兩百塊錢，但是你卻可以獲得無窮的、純真的朋友，知識又可以不斷地增長，不正是本錢很少，利益很多嗎？」

這是一個令人嚮往的地方

——訪不動產讀書研究會暨宇宙讀書會創辦人曾文龍先生

採訪／侯秋玲

讀書會頌

這是一個　令人嚮往的地方
這是一個　美妙的夜晚

這裡　有芬芳的書香
這裡　有親切的笑容
這裡　有明亮的氣質
這裡　有溫馨的友情

這是一個　令人嚮往的地方
我們珍惜　每一次相聚的夜晚

採訪內容刊登於《閱讀運動》一書中

天衛文化圖書有限公司
TIEN WEI (Trump) Publishing Company

地址／台北市安居街6號12樓
12th Fl., No.6
An Chu Street
Taipei, Taiwan, R.O.C.
Tel : (02)7320708 • (02)7352554
Fax : (02)7327455

愛的 曾先生 ：

感謝您在百忙之中抽空接受我們的採訪。如今，這本"閱讀
動--讀書會參與手冊"終於誕生了，我們連忙將書寄給您，希
與您分享這許許多多爲推展書香運動而努力不懈的朋友們的心
，更希望經由你我的散播，這一顆顆書香種子能很快地開花、
果，讓我們的社會成爲不折不扣的"書香社會"。而在編輯上
若有任何不盡理想之處，但求瑕不掩瑜，留待日後改進。

朋友們，謝謝您爲推廣書香所盡的心力。今後，讓我們一起
推廣閱讀運動而努力吧！

敬祝

祺

天衛文化圖書有限公司　陳恩婷　敬上

宇宙不動塵讀書會

八十六年六月二十五日

【星期三】 PM6:30~10:00

用書：規劃一輩子的健康

研討主題

☆ 永保年輕的秘訣
☆ 保健飲食指標新配方
☆ 四十歲依然生龍活虎
☆ 最自然的養生美容術
☆ 抗衰防老的飲食法
☆ 小心波霸變荷包蛋

均衡

飲食

少油、少鹽、少糖

地點：大觀園茶藝館 T:721-3748

地址：北市忠孝東路四段一二0號四樓

運動有恒

不喝酒

不吸煙

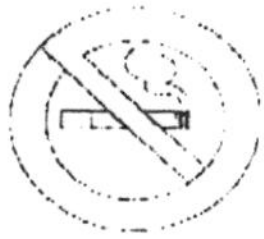

主持人：

王妃緗、曾文龍 敬邀 19 June.97

叄

讀書會操作實務

大家都要讀

讀書會若每月聚會一次，則每次大家應共同讀一本書。每一次開會，發下個月的書，讓大家有一個月的閱讀時間。讀同一本書，大家才容易有交集、討論，與溝通的豐富內涵。

或曰：「讀一本書太累，讀不完。」除非，選的書太厚，不然即是疏懶的藉口。

或曰：「派代表讀，作心得報告，大家分享即可。」一人讀，眾人不讀，就不叫讀書會了。而且讀書亦如同飲水，冷暖自知，光聽不讀，跟又聽又讀又談，其效果誠相差太多了！

每個人有不同的讀書心得，別人的心得仍是別人的，若萬一接收到「偏見」的心得，豈不得不償失！

而且有時若連聽也不夠專心，則收益更是微小了。

每月讀一本書

每月讀一本書，會不會太多？有可能嗎？

每月讀一本書，一年才十二本。

但五年有六十本。足夠擺長書架了。

十年有一百二十本。能夠討論一百二十本書，不能說沒有一些學問了，也不能說虛度人生一遊了。

積少足以成多，積沙可以成塔！

當然，若沒有每月共同討論一本書，五年不會有六十本；十年更不會有一百二十本了。

出社會的朋友，五年下來，認真的讀了幾本書呢？

十年下來，認真的翻閱了幾本書呢？

古人云：「半部論語，可以治天下。」因此，若能讀通，又能實踐，一百二十本書的威力，確是非同小可！

若更勤勞的朋友，每月聚會兩次，每月讀兩本書，那十年下來，則爲二百四十本，數量更是加倍了！

預防心靈破產之道，就是讀書。

——武藤山治

二年研讀討論書冊

1992年

〉房地產維他命

〉房地產法律防身術

〉萬曆十五年

〉40歲男人的自我開拓

〉天才之悲劇

〉改變生命的50個觀念

〉趨勢報導

〉寫給台灣的信

〉般若心經

0〉生活的智慧

1〉餐飲經營管理學 （陳[illegible]祥會友贈送）

2〉台灣人出頭天 （顏錦[illegible]會友贈送）

1993年

〈1〉房地產經營致富寶典

〈2〉中年有愛

〈3〉武藝中的禪

〈4〉哈佛仍然學不到的經營管理

〈5〉心靈地面

〈6〉達摩心劍傳奇

〈7〉人生真相

〈8〉潛力開發100招

〈9〉夏日的禪味

〈10〉吳舜文傳

〈11〉親密關係 （王慧玲會友贈送）

〈12〉緣 （張芳寧會友贈送）

宇宙不動產讀書會 1992 ~ 1993 年研討書冊

每人皆須發言

讀書會，不但是一個讀書交流的地方；

讀書會，也是一個磨練口才與風度的地方。

因此，每人皆須發言，則是良好的制度。

每一次發言時間，長至十分鐘，短至一、二分鐘，皆爲抒發心情與近況的良好機會。

常有新會友，第一次參加即發言時，或顯得緊張，或口才生疏，或不能暢所欲言，或緊張得有些發抖……

然而假以時日，在輕鬆熱烈的氣氛帶動下，參加五次～十次後，皆能自自然然的暢所欲言了，皆能口若懸河的侃侃而談了。

讀書會不在人多

讀書會不在人多，因每人皆須發言。

八人、十人參加非常合適。

二、三十人參加，應爲最多。

第一次發言，若每人平均十分鐘，十個人即是一百分鐘，即是一小時又四十分鐘了！再加以主席的穿插串場，有相異意見的提出，二個多小時就過去了。

若是二、三十人皆全部出席，每人發言，則更要縮短爲平均五分鐘了，或者有少部份會友無暇發言了。

每人發言，每人參與乃是一種良好的理想，即是發言兩分鐘，亦屬有益。若人多時做不到，主席亦應控制在八成以上的會友發言，提高熱絡的參與氣氛。

宇宙讀書會，不動產讀書會

親愛的同學：您好！

立冬之際天氣涼，日夜衡衣免著涼，

同學心安體魄壯，發展事成錢滿堂。

用一本書，看一部中國文明管理演繹，古人今生歷史再現，其間探究管理智慧。請不要忘了來分享新穎有趣的觀點，有助於我們凡人凡事必能融會貫通，事半功倍。

時　間：８４年１１月２９日　星期三　１８：３０

地　點：吉祥草　　富錦街１１４號１樓

電　話：7187035.7187036

用　書：

心　安　事　成

本年度輪值主席報告如下：
12/27 陳貞彥 會員

專題報告:認識自己
主 講 人:高順鎰

敬祝

秋安

會　　長：張芳寧
主　　席：洪翠櫻
敬邀
84.11.08

選書的方式

可讀的書太多了，因此，原則上每月最少讀一本書（大家都讀），應爲較理想的方式。

然而，應讀什麼書呢？由誰選書呢？這可從兩方面來講：

1.專業人士的讀書會

若背景相同的專業人士，大家爲了達到某些特定目的時，可一齊討論出應讀之系列書籍。

2.一般人士的讀書會

若背景互異之各行業人士，除了互相討論外，若每一次主席爲輪流時，由主席依據其喜好來指定，亦爲方便而快速之方式。

由每個人來選書，可擴大不同的視野。

主席須掌握規則與氣氛

腹有詩書氣自華，讀書的好處數之不盡，不僅使人思想淵博，也可藉由他人的經驗，作爲自己待人處事、思考上的參考準則，協助自己減少錯誤的判斷、失敗的經驗。讀書會不僅在鼓勵、引導很久不讀書的人讀書、沒有機會看書的人來這裡和大家一起看書，也藉由討論、辯論的方式使人思想敏銳、觀念分享與激盪，對個人的成長有相當大的助益。

要如何讓讀書會辦得有聲有色、激發會友參與的慾望與興緻呢？

首先要明瞭，讀書會畢竟不是正規體制下的學校教育，它的重點不在單線道的教授知識，而是著重在彼此的分享與討論。

第二，讀書會沒有考試，因此，在過程中鼓勵發言。畢竟有些成員可能極少參加這類聚會，應先協助他熟悉這個團體的成員及流程的運作方式，假以時日，他必是讀書會中最積極的一員。

第三，讀書會的主席應具有導引及潤滑的功能。在過程中冷場的尷尬場面，能適時鼓勵成員發言，以便場面更爲熱絡。

一個成功的讀書會，在經營上必須與成員達到如此的共識：

- 規定來參加聚會之前都必須仔細研讀規定之書籍。
- 要有接受別人批評及不同意見的胸襟及氣度。
- 有問有答，注重分享的感覺，以及互動的引導方式。
- 要注重溝通的原則及技巧。譬如要條理井然地表達自己的意見、對別人提出的意見要專注傾聽、避免打岔，同時，不要專斷地否定對方的意見。人生原本就有許多不同的可能性，因此要學會虛懷若谷的精神。
- 要能使每個人藉由討論及意見發表中激發出大家的滿足與成就感。

一個讀書會要辦得熱鬧而每個人皆有參與感，最好參加人數控制在十至二十人最爲合宜，這是因爲要讓每一個與會者都有機會發表自己的心得及看法。人數太多，反而無法讓人盡興，表面上看來十分熱鬧，實際上反而得不到真正效果，導致會員流動性太高，無法提高凝聚力。

理想的書籍是智慧的鑰匙。

——托爾斯泰

'95-06-26 03:54 7238689 T-639 P.01

GROSUN

感恩・真誠・負責・圓滿

建新建設股份有限公司
GROSUN HOUSING DEVELOPMENT CO., LTD.
台北市忠孝東路5段386號5樓
5F NO.386, SEC.5, CHUNG HSIAO E. RD.,
TAIPEI, TAIWAN, R.O.C.
TEL:(02)7298766 7296669
FAX:(02)7238689

敬致

曾會長

心靈的饗宴 美麗的邀約

1.邀請單位：宇宙讀書會，不動產讀書會

2.時　　間：84年6月28日(星期三)下午6:30

3.地　　點：儷特利(南京店)　TEL:7195550

台北市南京東路四段59號3樓

4.書　　名：邁向21世紀的管理

5.頒　　獎：第三屆會長交接頒獎

接續「強者快半拍的奧秘」的熱烈迴響，
再來了解管理價值更能心領神會，登峰造極，圓滿成功

歡迎踴越參與　分享經驗心得

第三屆 會　長：張芳寧
聯絡人：陳清祥　敬邀

服務電話：(02)7298766
FAX　：(02)7238689

不同地點開會的樂趣

若有良好的聚會場所，每次在固定的會址，當然很好。

若沒有固定的聚會場所，每次又能有不同的會友輪流當主席時，則由每次的主席決定不同的開會場所，則是一件有趣與能開闊大家視野的良好方式。

因此，或在公司會議室

或在飯店宴會廳

或在茶藝館

或在速食店

或在會友的家

或在山之顛

或在海之湄

不管店大店小

不管吃大餐或便當

皆呈現不同的趣味風貌，讓許多會友走入了也許這輩子都尚未去過的地方，而增廣了不少見聞呢！

書籍是青年人不可分離的生命伴侶和導師。

——高爾基

宇宙、不動產讀書會

秋高氣爽

淡水行

日期:玖月貳拾日

時間:2:00PM-21:00PM

行/程/重/點

集合:台北捷運南西站
(新光三越前)
2:00PM出發

※請著輕便休閒服、鞋
帶遮陽帽及洋傘

淡水老街　龍山寺
祖師廟　福佑宮
渡船碼頭　馬偕醫院
理學院大書院
紅毛城
翠園蒙古烤肉餐廳

主持人
王琦樺
敬邀

淡水行

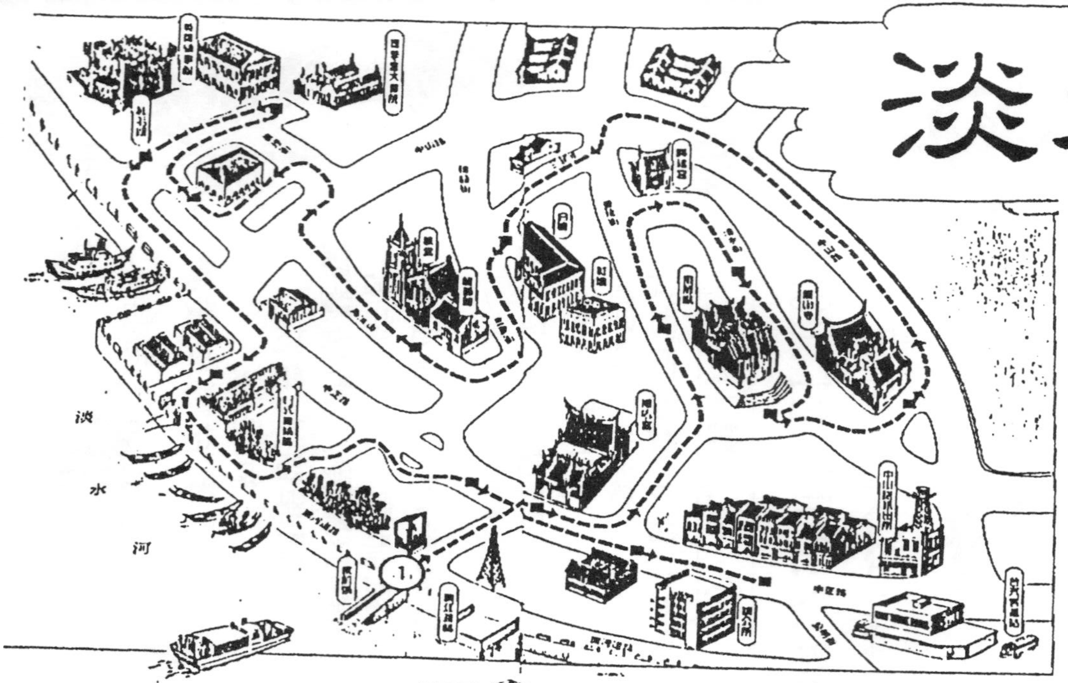

淡水遠足

遠足，睽別將近一年
這次大家可以搭著捷運到
淡水走一趟古蹟之旅
並享受一頓豐盛夕陽晚餐
PS. 別忘了「談判聖經」的讀書心得

晚餐地點訂在：
翠園蒙古烤肉餐廳
【景色宜人，秀色可餐】

敦請吳文良同學
全程嚮導

爲便計算人數
請同學儘速報名
以免向隅

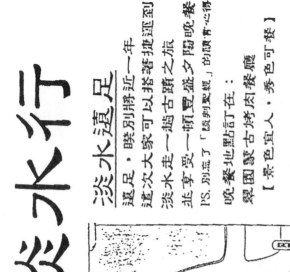

報名電話：7298766
蘇小姐

輪流當主席的好處

除了會長之外，若能大家輪值當主席，亦應爲良好的制度。

這樣讓大家都有主控會議的磨練機會。而會長可在旁協助與導引。

而且既當主席，該員則非出席不可，不會有偷懶的逃兵之舉。

既當主席，不但會珍惜當主席的機會，更會珍惜這多久才能輪到一次的良機。因此舉凡場地的安排，開發通知單的設計，餐飲的內容，皆會有個人色彩的盡心盡力安排，而呈現了五彩繽紛的趣味！

1994～1995年月會主席輪值表

1994			1995		
日期	主持人	活動主題	日期	主持人	活動主題
4/27	陳清祥　洪翠櫻	快樂從心開始	1/25	廖學興　葉秀華	
5/25	陳春塗　王慧玲	上班族請用週末時間決勝負	2/22	春節休假	
6/29	譚有爲　薛秀英		3/29	劉榮煌　張芳寧	
7/27	吳文良　蔡素英		4/26	陳貞彥　洪翠櫻	
8/24	高源平　鄭秀婷		5/31	顏錦福　王慧玲	
9/21	應肅正　蔡月琴		6/28	游榮富　鄭秀婷	
10/26	劉天然　蔡麗卿				
11/23	張少熙　蔡秀美				
12/23	曾文龍　鄭玉鳳				

參考事項

一、請每月輪值的主席，能於每月月會前兩週，以書面通知各位會友，並另於聚會前二、三天，再以電話誠懇邀約，謝謝！

二、請主席會友將所選讀的書，親自於月會中交給會友或郵寄給未出席的會友，以確定每位都能收到該書，謝謝！

三、非常感謝陳清祥同學，將咱們的會友通訊錄重新整理、打字（共26人），請主席每月購書26本即可，謝謝！

四、每月購書可以大日出版社(發票號碼：01270255)之名義，向選讀之書的出版社直接訂購，並請其送書，可享受七折至八折之優惠價格，請會友多使用，以節省經費，謝謝！

宇宙不動產讀書會1994～1995年月會主席輪值表

不來也受益

每月共同讀一本書的另一好處則是，萬一有事而不克參加讀書會時，但你也準備了一個月，也讀了一本書，在這樣「獨參」的過程中你也受益了。

讀書本來就是自家的事，就是自修的事，能準時參加聚會，討論交鋒，固是更上一層樓的美夢。

若不克參加，則「強迫」讀了一本書，就已是實質的收穫了。

若要聆聽大家的心得，則請同學代爲錄音，亦能達到補救與補充的效果！

不克參加，若亦能以書面發言代替，則更屬溫馨與認真的佳事。

開心的團體

讀書會，是一個非常開心的團體。

這裏沒有壓力，沒有利害，只有書香的溫馨團體。

這裏雖有讀書，卻沒有考試，不管讀得好不好，讀得多與少，都可以隨興來參加。

這是一個坦誠的團體。讀多少，甚至因某些原因而沒有讀，都坦白的承認，而發表各人的看法。

每一個人，不也都是一本最精采的書嗎！不也都是隨時可作檢視與檢討嗎？

當然最認真讀書的會友，只有收穫最多，而爲大家的標竿與學習。

這裏不但沒有壓力，更是一個解除壓力的團體。

平常的種種壓力，可以在這裏釋放與交流。

而書本裏面的智慧，更可作爲平常解除壓力的良好指引。

因此只要來了，就會開心，或者，一直都是很開心的來參加。
這是一個非常開心的團體！
甚至，讓某些會友作心靈寄託的團體。

書籍是我們的精神食糧。

——普希金

宇宙讀書會
不動產讀書研究會　　尾牙聚會通知

時　間：84年1月11日（星期三）PM：6:30 - 10:00

地　點：台北市中山北路三段59號北區海霸王7F 708室
（對面中山足球場,停車方便）

研討書名：放下心中的包袱
（若因專心聚餐而忘了讀書,亦可下次續談）

節目內容：READING , EATING , SINGING , TALKING ,... ANYTHING

主　席：曾文龍（TEL：721-9527）

平面型讀書會

平面型讀書會，即規定每次皆是純讀書。每次皆是討論書籍的內容與心得交換。

或許有人覺得這樣是否太單調了，其實一點也不會。因爲每次讀的書都不一樣，有不同的主題與視野。而且每本書的內容都有二、三百頁，足夠大家引經據典，充分的討論了。

既然是讀書會，既然書讀不完，可看的書，一輩子也讀不完，因此筆者比較偏向以純討論書爲主，討論出來的書香已經夠濃夠帶勁了！

當然，偶爾穿插一些其他的活動，亦是蠻活潑有趣的。

媽媽充電的好地方

隨著社會多元化、家庭型態的轉變，不管是全職媽媽或者職業婦女，都再度投入追求知識的潮流中，並且興致勃勃，以不斷地充實自己、學習新知來充實內涵、拓展視野，從而以更成熟、更理智的智慧、方式來處理夫妻婚姻以及親子關係。

表面上看來，婦女似乎在社會中是被矮化的一羣。然而，換個角度來看，比起大部分必須肩負更多家庭負擔的男性而言，女性似乎擁有更充裕的時間爲自己充充電、加足馬力再出發！

時下許多社區讀書會，參與的女性佔大多數，甚至以媽媽充電爲主旨而成立的專屬女人的讀書會也有許多。對於這種蓬勃的現象，我們是樂見其成，畢竟，對於以往整天柴米油鹽醬醋茶的媽媽黃臉婆來說，這個以書會友的溫馨團體確實讓暫時擺脫家務的媽媽們重新思考、重新走入人羣，藉由眾人的分享與討論，對自己的思惟進行一項全新的省思、衝擊、批判及反省。

媽媽讀書當然範圍也是十分廣泛及多元化。拓展人際關係是許多媽媽共同的期望，畢竟能看到廚房以外、丈夫孩子之外更多的面孔、學習與他人互動的模式，都是相當教人興奮、倍覺新鮮的新感受。同時，探討夫妻婚姻經營、親子關係、女人成長以及二度就業的心得，也都是媽媽讀書會最熱衷的研討課題。

讀書會若能與社區活動相結合，發行社區報紙、舉辦親子溝通、家庭經營的系列講座以及社區音樂會、文化采風等活動，也能協助社區居民打破疏離感、激發居民社區意識，進而逐步參與公共事務。

參與公共事務是社區讀書會展現「知識就是力量」的具體表現。

我們期待有更多的媽媽或未婚女性暫時擺脫家務學習新知、敞開心境討論更多元化的話題，除了充實自我生活之外，更能擴展到大我，爲社會服務，也讓閒置浪費的大量婦女人力資源再度得到充分利用。

耕耘讀書會

讀書會這幾年來在有心人士的極力推動、長期耕耘之下，發展愈見蓬勃，如同辛勤的園丁遍灑的種子，在春雨滋潤過的大地上，冒出青嫩的綠芽，也逐漸開出色彩繽紛的花朵。

「書香社會」的夢想隱約成形，如何讓書香四散、人人成爲愛書人，讓出了校門的社會人依然能保持汲取知識的渴望，更重要的是，人人愛讀書，人人讀好書，藉由智慧的增長、知識的傳遞，提昇整個社會的文化水平，繼而讓每個有智慧的個人成爲促使社會、國家發展的生力軍，凡此種種，皆是每個致力於推展讀書會的人士最衷心期待的理想。

許多人都提出這樣的問題：有幾個朋友、同學或同事有興趣一起讀書，卻不知道該如何開始。

該怎麼辦讀書會呢?其實一點也不難。最基本的條件是——

1.人——找到有興趣一起讀書的人。

2.地點——可以約定固定的聚會地點,也可以選擇安靜、幽雅的場所,在聚會前一一通知成員。

3.時間——定期舉辦。可以每星期、半個月或一個月一次。但注意,時間要固定,例如每星期的星期五晚上或每月的第一個週末下午二點,總之,時間不要太常更動。

只要有人、有心,聚集一些對讀書有興趣、對吸取新資訊有強烈企圖心的朋友,並且有恒心、有毅力,讀書會就可擇期開張了。

台灣的社會文化水準是要靠國民的力量共同來提昇的,而響應讀書會的推行,踴躍參與讀書的全民運動,扭轉酒、色、賭的休閒文化,男人不近酒色,愛書香、女人也學會以書籍的智慧來美容,相信這個社會將變得更加地可親可愛!

立體型讀書會

立體型讀書會，即除了純讀書，討論書以外，尚可穿插郊遊、電影欣賞，話劇……等其他節目，使讀書會呈現了立體性的活潑動感。

筆者曾參加過友人的讀書會，他們有的將書的內容，用話劇的形式表現出來，以及穿插一些音樂，顯得活潑而有趣。當然，這需要更多的時間來準備，以當前快節奏的忙碌社會，實在難能。

也有人認爲有時可欣賞電影，來發表電影心得，以擴大讀書的「定義」。當然若能偶爾如此，亦是一件有趣的快樂事。

會費全部買書

筆者在讀書會剛創辦的前幾年，皆是在敝人的辦公室舉辦，大家吃了晚餐才來。因此會費一年只收二千元。供買書及飲料用。那時的書價，一本以一兩佰元居多，非常便宜，而且可保存一輩子。

所以會費主要是用來買書，一年下來，書架就整整齊齊的多了十二本書了！

會費沒有消耗掉，只是換成了各式各樣的書。

有事不能來的會友，亦可收到屬於他自己的一本書。

我想，全天下沒有這樣便宜又收穫多的聚會了！

後來，改爲先聚餐聯誼（快餐爲主），會費爲五千元，不能來的朋友，雖亦可收到一本書，但須犧牲了聚餐的權益，亦爲另一種良好的方式。

八十三年度書費與餐費支出明細

月份	書　　名	主　　席	書費	餐費	合計
四	快樂從心開始	陳清祥、洪翠櫻	$5,321	$2,572	$7,893
五	上班族請用周末決勝負	陳春塗、王慧玲	$0	$2,030	$2,030
六	與我們有約	譚有爲、薛帆吟	$4,576	$3,620	$8,196
七	26位名人禪修的經驗	吳文良、蔡素瑛	$3,603	$5,870	$9,473
八	無限影響力	高源平、鄭秀娉	$5,008	$1,920	$6,928
九	前世今生	劉天然、蔡麗卿	$3,919	$3,800	$7,719
十	小故事大管理	應肅正、蔡月琴	$5,280	$4,849	$10,129
十一	怪醫黑傑克	劉榮煌、張芳寧	$2,380	$4,079	$6,459
十二	1995年潤八月	張少熙、蔡秀美	$7,560	$3,459	$11,019
合			計	$69,846	

八十四年度書費與餐費支出明細

月份	書　　名	主　　席	書費	餐費	合計
三	放下心中的包袱	曾文龍	$5,632	$4,800	$10,432
四	心情故事	陳春塗	$3,192	$10,00	$13,192
五	強者快半拍的奧秘	王慧玲	$2,460	$2,280	$4,740
六	邁向21世紀的管理	陳清祥	$4,416	$3,060	$7,476
七	開心的生活	王琦華	$4,078	$1,018	
八	開心的生活	王琦華	$0	$5,366	$10,462
九	假如人生只剩30秒	王妃湘	$4,177	$2,818	$6,995
十	假如人生只剩30秒	陳春塗	$3,720	$6,000	$9,720
十一	心安事成	洪翠櫻	$0	$5,860	$5,860
十二	心靈藝術	陳真彥	$4,389	$1,906	$6,295
合			計	$75,172	

宇 宙

讀書會八十三年度收入支出明細表

不動產

日期	摘要	支出	收入
83年度	82度移轉收入		$40,644
	83年度年費收入（附件一）		$122,500
	83年度雜費支出（附件二） 曾會長紀念牌$1,500 賀高源平高陞-花$1,500 葉大姐出國送行聚餐$6,463 王慧玲台中開幕-花$1,500 年終海霸王聚餐$15,477 呂毓卿開幕-花$1,800	$28,240	
	83年度書費與餐費支出 四月份$7,893 五月份$2,030 六月份$8,196 七月份$9,473 八月份$6,928 九月份$7,719 十月份$10,129 十一月份$6,459 十二月份$11,019	$69,846	
總		計	$65,058

本小利多

讀書會是花錢最少，而得利最多的活動。

一本書也不過二百元左右，但在「開卷有益」下，卻能讓你在各角度受益。

而且書是最忠誠的朋友，永遠不會跟你吵架，永遠陪伴著你。

當你檢視十年來，二十年來，或三十年的朋友還剩幾位時，但你三十年來所買的書，永遠都在你的身邊。當你需要他時，他永遠隨時的服侍著你。

吃一餐飯請朋友，可能要花五百或一千，吃完之後消失得無影無蹤。

然而除非你不要它，你花二百塊買的書，它永遠躺在你的書架。

以讀書爲主要活動的堅持

除了每月讀一本書，也有熱心的會友，作如下的建議：

穿插音樂的欣賞

看一場電影、讀電影

旅遊活動

……

等等其他方式的變換或補充。

這些方式，如能偶一爲之，豐富讀書會的內涵，卻也不失爲有趣的活動，若常爲之，則爲不妥。

畢竟，可讀的書，太多太多了。

書店滿坑滿谷的書，特別處在這樣知識爆炸的年代，每月選一本書來討論，其實一年也才十二本！因此筆者非常堅持，既是讀書會，就好好的讀書，書本中可供大家討論、質疑、涵泳、激辯……等交叉火花的地方太多太多了。

充實的讀一本書，充分的交換意見，才是讀書會的主要活動。

讀一本好書，就像和許許多多高尚的人談話。

——歌德

GROSUN

建新建設股份有限公司

感恩・真誠・約克・圓滿

宇宙、不動產讀書會

親愛的同學：

您好，十一月天，加背心更放心。

首先，恭賀我們的同學，陳文龍副董事長所撰寫的七十回憶錄「糊塗憶今多」的自傳大作終於出版。

陳副董事長文龍贈送每位同學人手一冊，我們真心感激文龍同學的厚愛，這本糊塗憶今多的巨作，在這多元化社會，必將帶給我們更多的啓發和醒思，惠我良多。

並且，恭賀春塗同學和惠櫻小姐的結婚大喜。在此全體同學祝賀春塗賢伉儷愛河永浴、早生貴子、相愛到白頭。

時　間：86 年 11 月 26 日　星期三　18:30 ～ 21:30
地　點：台北市西區獅子會會議室　　　TEL:5787602
台北市光復北路 68 號 9 樓之 1　　　李秘書

用　書：糊 塗 憶 今 多

陳文龍同學的世紀回憶錄
回憶錄的品味很高，意猶未盡。

耑此　　　順頌
萬事如意

主席：王妃緗 張芳寧
會長：陳清祥　　　敬邀
86.11.15

團體的力量，帶我們讀書

讀書乃是自家的事，何勞參加一個會來讀書。

然而學校畢業之後，進了社會上班之後，沒有了學校老師的督促與不斷考試的壓力，由於人性的怠惰，要自修讀書，或好好精唸一本書，卻成非常難爲之事。

因此參加讀書會，乃在藉用團體的力量，來督促大家讀書，特別是規定大家皆須發言，皆須發表心得意見時，更是要督促自己好好唸書了！

所以常有會友，提早到會場，以補全未看之書。

常有會友，在會議進行中時，除了一面聽講，還一面急急閱書。

在一個共享的時刻，每人皆須吐露自己的蠶絲。

因此再不濟時，因「陰錯陽差」而至沒有讀書時，或讀的極少頁時，只好坦承沒有讀書，流露愧歉之態，或雖只是發表那幾頁的心得，在讀書會的每次磨練中亦能侃侃而談，在一點一滴中獲取進步了。

生活裏沒有書籍，就好像沒有陽光；
智慧裏沒有書籍，就好像鳥兒沒有翅膀。

——莎士比亞

讀書會的社會功能

近幾年來，國內陸續有人不斷地在公司、社區或團體中成立讀書會。知識的汲取及觀念、經驗的分享，是促使個人汲汲營營吸收學習、致力成長，以及社會發展的原動力。從過去的各種成長班，或如YMCA的各種技能、才藝研習營，到今天蓬勃發展的讀書會，無一不在說明，在脫離學校教育體系之外的成年人，他們有多殷切的渴望有一個繼續提供其成長的空間，以便自己跟得上社會的潮流。

讀書會有別於其他學習團體的特質是，它除了具有知識交流的功能之外，尚具有凝聚眾人的力量，提供個人一個團體歸屬的向心組織，藉由這份力量，所發揮的行動潛力，進而帶來對社區或整個社會的良性功能。

台灣最早的讀書會？

「不動產讀書研究會」由於發起得早，而且最難能可貴的是十餘年來從未間斷，會友到其他地區散播與組織讀書會的種籽亦有多處，因此常被認爲是台灣最早的讀書會。

如深坑國小訓導處主任吳順火先生於民國八十四年六月發表於「文訊」的「大家來讀書」——國內社區讀書會的發展，該文即提到「近來最早發起讀書會者應屬宇宙讀書會，原是不動產讀書研究會，目的在探討不動產專業技能，參與人員以不動產專業人員爲主……」

事實上，讀書會最難經營的則是能否持續數年、而非一年半載就鳥獸散了。「不動產讀書研究會」是否是台灣最早的讀書會，我不敢斷定。但應屬台灣極少數最早的台灣讀書會團體，殆無疑義。它的難能，應在於持續性與蓬勃性。

至於「宇宙讀書會」，則是敝人所創辦的第二個讀書會，於民國八十年十二月創立，會員則涵括各行各業，研讀的書刊亦是五花八門，海闊天空了。

一本新書像一艘船，帶領我們從狹隘的地方，駛向無限廣闊的生活海洋。

——凱勒

大家來讀書

國內社區讀書會的發展

吳順火 深坑國小訓導處主任

讀書會對婦女的影響至深，不但使其從窄化的生活圈中走出，建立個人的自信心，同時也使思考的空間更為廣闊。

讀書會興起的背景

讀書會是滿足國人獲取新知、肯定自我最佳的成長團體，由原先家事課程的插花班、媽媽教室、成長團體，漸漸脫胎而成。中國早期學校未普遍設立，許多文人雅士常以聚會、遊行示威，相互切磋知識，暢談古今事，相互欣賞新作，或吟詩作對，自娛娛人，如魏晉時的竹林七賢，是為中國早期讀書會的濫觴。十九世紀的瑞典，窮苦的無產階段民眾逐漸覺醒，發起類似讀書會的圖書館協會，激發民眾從事學習活動，因而促使教育不利的民眾如農民、勞工、婦女獲取更多知識技能，改善了生活品質。近四十年來，台灣教育普及化、國人受教程度提高，但面對知識快速爆炸與折舊的資訊時代，學校所學的，往往無法迎合時代進步所需，必須不斷進修獲取新知。近來私人企業面對同行競賽壓力下，紛紛倡導成長團體、員工訓練營、企業化經營的魔鬼訓練營及潛能開發訓練課程。卡內基訓練中心也吸引不少青年男女參加，可見國人對成長、進修之渴望。雖然教育單位開放了很多在職進修管道，仍然無法滿足個別需求，尤其是離開學校多年的婦女同胞，在有心人士與社教司何司長推動下，另一種成長、進修模式正持續進展。

蓬勃發展的社區讀書會

在師大教育大樓國際會議廳的一場「書與人的對話」中可以發現台灣社區讀書會正蓬勃發展。近來最早發起讀書會者應屬宇宙讀書會，原是不動產讀書研究會，目的在探討不動產專業知能，參與人員以不動產專業人員為主。民國七十三年，陳來紅女士認為現代婦女必須自我充實、成長、學會自我思考，帶領社區專職媽媽，在帶著奶瓶、幼子的辛苦中，辦理「父母效能訓練」，幫助媽媽們擴展思考領域，不但提高教養子女的能力，並能走向社區服務行列。第二年陳女士

兩人讀書會

兩人讀書會顧名思義當然是以兩人爲基本成員的讀書型態。

兩人也可成會？

兩人讀書會的成員在數量上不多，但也由於量的制衡，相對地使得質提升了。不僅討論時每個人所分配到的時間增加許多，在觀念看法上的歧異之處亦能經由深刻、深層的溝通與理念交換，因而達成共同的理解，或是藉由分享別人的經驗理念，而拓展了個人的視野。

什麼樣的人適合做你的讀書友伴？

- 夫妻之間。
- 情侶之間。
- 兄弟姊妹、親友之間。

朋友。

• 夫妻可說是兩人讀書會的最佳代言者。夫妻相處的時間多，藉由共同討論書中的主題、陳述個人的意見，能使互相更爲了解彼此。而定期的讀書時間，不妨先安排燭光晚餐的約會，也是替彈性疲乏的婚姻增添一些潤滑劑。

選書時不妨多針對探討婚姻、情感方面的書籍爲考慮，藉由不斷的探討、吸收他人觀念或建議，理性釐清婚姻生活的真面目，也促進個人情感的成熟度。

情侶之間也很適合訂個讀書心得報告的約會。舉個例子：李登輝總統當年和總統夫人曾文惠女士打從近半世紀前訂婚之始，每回約會，總統必定會帶一本書給曾女士閱讀，等下次見面時就「考試」，測驗她是否仔細瀏覽細讀過一遍，並且提出問題共同討論。這種讀書心得報告的約會方式不僅別緻，而且十分富有創造性及建設性。現代情侶不妨稍加心思的讓李總統這種單向式（男方送書、男方測試）改成雙方的互動溝通，相信必能增進對彼此更深的了解。而文質彬彬、學養豐富的男子與氣質內涵兼具的佳人豈非最能吸引異性愛慕的目光！

兄弟姊妹、親朋好友之間若能藉由每週一次的定期讀書討論，相信以文會友的交誼方式，絕對比上ＫＴＶ、舞場跳舞、飆車來得安全且有意義了。

腹有詩書氣自華，讀書，是最值得推廣的嗜好，也是最適合夫妻朋友間互助成長的交誼活動。我們期待由兩人讀書會的親密關係開始，逐漸地由愛讀書的小我，共同建立一個愛讀書的書香社會。

要追女友，每次得交讀書心得報告

要督促男的朋友上進的最好方法之一，則是勸他多讀書。然而若陽奉陰違，亦奈何他不得。

因此最快速的檢驗方法之一，則是每次約會時，得先來一段讀書心得報告。

爲了約會，爲了「窈窕淑女，君子好逑」，苦讀一本書，是不難的。每日看電視不也要花掉許多時間，更何況其他各式各樣的活動。

愛讀書的朋友，不易變壞吧？

愛讀書的朋友，總有高雅的書香味吧？

而女追男呢？當然一樣有效了。

當然，平等互惠，一齊研讀，則更是高尚有益的活動了。

台北市藏書量　遙遙落後世界都市

台北市政府主計處八十三年九月所發布的統計數字顯示：台北市圖書館的藏書量與世界各主要城市相距一大截。

如北京、東京、紐約、墨西哥、柏林、莫斯科及聖彼得堡等都市藏書量均超過二千萬册。

平均每千位市民所能享有的圖書資源，以柏林最豐碩，達八千册以上，聖彼得堡五千册以上。其他如東京、馬德里、莫斯科亦在三千册以上。

而首善之區的台北市八十二年底平均每千位市民享有藏書僅僅達八百二十六册，相較之下，實在是教人汗顏。

一般而言，都市發展程度愈高者，愈著重文化知識傳播的工作，其藏書量也愈形豐富。

我們自詡爲國際都市的台北，爲何藏書量卻少得可憐？是政府官員鎮日奔波於政局的角力中，無暇讀書？是在上位者根本不懂得讀書的好處，以致風行草偃，國民也隨之不愛讀書了？

上圖書館的以學生佔絕大多數，而事實上，不只是在學校時才要讀書，一旦走入社會，讀書，更是件非常必要的事。

讀書會的推廣，正是要激勵社會人再重拾書本，享受遨遊書海中的樂趣。

我們也期望，政府能率先充實國民的精神食糧寶庫，讓圖書館有更豐碩的藏書，讓讀好書、閒暇時多讀書成爲國民休閒的主要活動。

在以前，讀書會是要殺頭的

筆者在民國七十五年邀集好友創立讀書會時，讀書會在台灣仍屬鳳毛麟角，「少數民族」。縱有少數，亦常曇花一現，夭折得快。那時候的出版界，仍屬靜態的多。這幾年，讀書會風起雲湧，要參加讀書會，容易得多了。出版界亦進入了戰國時代，新書的大量湧現，常讓人不知何所擇從。

以書會友，現代人毋寧是幸福的。

然而在民初的時代，在清末的時代，組織讀書會，參加讀書會，卻是要殺頭的。對於現代人，這毋寧亦是難以想像的。

那時民智未開，政治高壓。組織讀書會，讓統治階層對這些人有營黨圖謀的印象，而在清末民初的革命志士，亦曾以參加讀書會的緣由相聚，圖建國之大事。因此，讀書會的聚會，是非常秘密的。

在民主開放的今日台灣，怕的是大家懶得讀書，把頭腦生銹了，若能在一起讀書聚會，則是一件高雅時髦的大好之事，肯定是不會被殺頭的。

書是作者留給人類的禮物。

——愛迪生

讀書會的型態

很多人都想加入讀書會，而目前，社會中也陸續成立了許多讀書會團體。大家都說讀書會好，但是在加入讀書會之前，我們不妨先來認識一下目前現有讀書會的組成型態及其風格。

讀書會的型態基本上有幾種特性：

1. 自助式學習團體

讀書會是由民間團體或專業組織所舉辦，也有些讀書會純粹是由個人召集同好或同業共同參與、共襄盛舉。

2. 自發性學習動機

參與讀書會的人都是因爲想念書、愛念書，或是學而後知不足，藉由這樣的一個團體來達成督促自己汲取知識的願望。成員可以自由加入，也可以自由退出，絕不強迫，尊重個人選擇。

3.合作式學習組織

藉由眾人讀書的力量，鼓舞自己學習的興趣。成員藉由友誼及合作，交流讀書心得及生活經驗。

4.民主式學習模式

由成員決定讀書會的運作模式及內容。在無壓力、無學習評量的運作方式下，從中獲得知識的泉源。團體的領導者主要扮演協調、連絡事宜，而非決策者或主導運作模式。

5.互動成長的學習團體

注重智慧的分享、強調互動成長的合作學習。讀書會並不是學校之外的課堂，它的領導者與成員或者成員彼此之間絕非師生關係，而強調知識、資訊的傳播、交流，智慧的傳遞、分享，是脫離學校教育之後，人們藉以獲得知識的另一個重要學習管道。

了解了讀書會的特性之後，再來談談目前可見的各種讀書會類型：

以人數來分：

——二人讀書會。情侶、夫妻、同學、同事……。

——三人讀書會。家庭聚會、朋友……。

——多人讀書會。

以研讀內容來分：

• 職業型讀書會

以探討專業領域爲多。如不動產讀書會、保險讀書會、財經讀書會……等。

• 一般型讀書會

由團體領導人選書，或由成員自行推薦好書。

• 主題性讀書會

邀請專家學者作專題性討論或報告，透過成員彼此不斷地探討、心得交換，以傳承經驗。

讀書會的多元性拓展：

除了書籍的閱讀討論之外，亦可擴大至文化交流層面，例如：

- 電影討論及欣賞
- 音樂欣賞會
- 美術賞析
- 茶道、花藝、古董、字畫等研習。

讀書會的型態其實可以多樣化的，有時，看一部電影、欣賞一場表演，或者是教大家讀「人」，也是「書」的另一種變形，只要蘊藏著智慧的寶庫，都未嘗不可編入讀書會的課程主題，讓讀書會的交流與參與，真的是一場名符其實的知識饗宴。

宇宙、不動產讀書會

音/樂/之/旅

北美菁英交響樂 台北音樂會

時間:86年7月4日（五）晚上
地點:中信大樓新舞台廣場前
（市政府後面白色建築物）

【活動流程表】

6:30 ~ 7:20	同學報到. 領取精緻晚餐及門票 【同學聯誼聚餐】
7:30	準備進場對號入座
7:30 ~ 9:00	心靈的饗宴－ 交響樂欣賞晚宴開始 【保証有豐碩的收穫】
9:10	散會

號外喜訊：
讀書會同學 陳文龍副董事長千金
歸寧之喜
全體敬賀

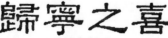

會長 陳清祥 敬邀

不動產讀書研究會

快樂讀書會

肆

百家爭鳴～會友讀書心得

共創美麗的文化島

顏錦福

「社會愈進步，文化愈缺乏！」成了時下台灣社會的一大寫照。犯罪率節節高升，做案年齡逐年降低，昔日的書街被電玩店所取代，從前賣檳榔的歐巴桑，現在竟換成穿薄紗的妙齡西施，「笑貧不笑娼」的價值觀扭曲了整個社會風氣，燈紅酒綠的夜店、賭博性遊樂場到處氾濫，一年吃掉一條高速公路的建造費用，早已不是新聞；反觀具有文化氣息的活動少之又少，難怪外國人譏笑我們台灣是「只有經濟繁榮的浮面，卻是文化沙漠的荒島」。

「宇宙讀書會」創設人曾文龍先生有鑒於此，獨俱慧眼，排除萬難，邀集一些志同道合愛好讀書的朋友，共組具歷史意義的台灣第一個讀書會，藉以文會友，充實自己，淨化心靈，改善社會風氣，並能由此拋磚引玉，激發各縣市有志一同者響應，目前全台灣已成立有六百多個類似的讀書會，在默默地改造我們的社會風氣，曾先生厥功偉矣。

經友人吳文良先生介紹，到該會一睹盧山真面目，果真地把我給吸引住了，讀書會成員儘是各行各業的智識份子、領導人，他們每個月一次聚餐，彼此在餐敍中展開生活經驗交流，隨後由編位主持人就上個月中寄到每一會員手上的精選作品內容進行廣泛的討論，再由每個與會者就自己的讀書心得發表意見，讀書會推介的著作包羅萬象，有哲學的、政治的、經濟的、趣聞的、禪修等等，所以每一個人的論評，經常都是妙語如珠、笑聲盈庭，不但能獲得更廣闊的視野，同時也能在討論氣氛中得到每天工作壓力的舒解，既可得到豐富的智識，又可在歡笑中消除疲乏，確有百益而無一害。

如果能把這種讀書會模式，推廣到社會各階層，澤被廣大社會層級，則可處處散發著濃厚的書香味，我們又何愁台灣不會成爲有文化水平的美麗寶島?!

顏錦福　謹於立法院

86、11、1

（作者爲現任立法委員）

讀人讀己　扭轉命運

吳文良

梅花飄香的時候，泡杯濃茶，放張CD，開卷與作者的智慧「神會」，這是人生的一大享受。

加入讀書會後，享受與功力立刻升級。

原來，「竹林七賢」的品茗清談可以出現在「讀書會」，你可以和一羣益友認真討論書中的精髓，並且洗鍊個人的說話藝術；在這裡「讀人讀己」，你發現別人的長處，也發現自己的短處。三個月後，你發現自己的「習慣領域」改變了，半年後，你發現自己在「潛移默化」中學到別人的長處，一年後，你可以確定自己的命運也「否極泰來」了！

因爲，「讀書會」是一個「良性的互動磁場」。

就像不同的花盆擺在一起，彼此競相綻放燦爛的花朵。

我曾經在「吉祥草」形容過「讀書會」就好像「回到天界」一樣。沒有世俗的羈絆，大家共語，忘塵忘情……如果，你帶著某種企圖加入讀書會，你肯定會失望，參加一兩次就撤喲那拉！如果，你有旺盛的「求知慾」，那麼歡迎你加入讀書會，就像我們最可愛的會友陳春塗，有一次，他從中廣節目聽到我們這個讀書會是全國最老的，他馬上打電話到中廣查問如何參加？老天有眼，中廣的主持人好心告訴他去問遠見雜誌。他立刻就問，找到了入會明路，我記得三年前他剛開始加入讀書會時，面對我們個個怪才，他講話發抖，該講的沒講，但是，他的誠懇感動了我們，現在，輪到他擔任主席，口才伶俐、條理分明，就像一位「武林奇葩」經過眾多怪才高手的調教，沒幾年功夫就「黑卒變英雄」！他就是一個明顯的「扭轉命運」的例子。

正如「石濤」所說的：「師人不如師物，師物不如師心。」想成爲一位大畫家，就必須去「師心」！

我們讀書會歷經創始會長曾文龍的慘澹經營，到二居會長高順鎰的光前裕後，三居會長張芳寧的用心開拓，現任會長陳清祥的鬼斧神工，現在，這個「互動磁場」像一個

「交心」的大磁鐵，吸住每個會員，一次不參加的話，心裏就會覺得怪怪，有一次，我因爲催稿壓力，無法參加，便胡謅寫了一篇「六用」禪詩傳真給會友代表心意，現在抄語，以期和各位讀者共勉之——

用畫家的眼　看山看海　看你心湖　五色五蘊
用木匠的手　築名築利　築你報身　七情六慾
用哲學家的腦　讀人讀己　讀你四周　三教九流
用音樂家的耳　聽老聽少　聽你六根　六觸一曲
用茶道家的舌　舔悲舔喜　舔你成敗　八苦一壺
用菩薩的心　愛親愛怨　愛你因緣　生死兩忘

（吳文良，資深電視編劇　近作：我的阿爸我的子、媽祖過台灣、台北一路發　著作：達摩心劍傳奇）

MA NU

Appetizers	夏蟬小夜曲．奏在街旁菩提樹上。
Soups	茗茶潤心．暫忘世俗名利和壓力．
Main Dish	中式套餐．精緻伴侯 26位名人說禪。
Dessert	自我介紹：鄭玉鳳　美女牌 劉榮煌　英雄牌 專業報告：應鼎正　博士牌

吉祥草 恭候您乘山'移樽 HAPPY-TOUCH
時间：7月27日(星期三) 18:30～23:00
地点：台北市富錦街114号 TEL：7187035-6

高順鎰会長．洪翠櫻財務長
蔡素瑛．吳文良
敬邀．

何處不是禪

讀書會會友硯席：

「達摩心劍傳奇」之讀書研讀，讓我們經歷了一場禪之響宴，在會友葉大姊的「道場」——珠珠餐飲店，享受了與往昔截然不同的親切樸直氣氛，三個半小時的硬板凳，恐怕大家終生難忘！（主人卻遠赴國外，莫非亦是另一種禪機？）

我們除了感謝蔡素瑛主席及劉榮煌會友的熱心照顧外，亦要特別感謝吳文良會友的親自接受「批判」及帶來貴賓——中視名導播曾樹楚先生的指正。

當夜蒞會會友及發言皆非常踴躍與熱烈，竟到十點半才能勉強煞車，若無世俗時間之限制，這樣的論禪恐怕要到天亮了，以至於討論新會長之事，竟無時間而要耽擱了。

達摩乃禪宗一代祖師，千年之後，我們能嘗試貼近他無遠弗居的心之底層，亦屬大家的福緣了，相信大家皆會珍惜。

期待十月二十七日（三）的相會，主席爲張芳寧會友。

達摩禪，珠珠禪，何處不是禪

花無心，功德無，一葦可渡江

（以上小詩，乃應廖學興會友指令，一定要寫）

宇宙讀書會

不動產讀書研究會

曾文龍 敬啟

82、10、6

15.DA

To：曾文龍 先生

宇宙與不動產讀書會集會通知

主旨：研讀達摩心劍傳奇與聯誼

時間：9月22日（星期三）下午7：00～10：00

用餐者可於7：00前

地點：珠珠餐飲 (02)5613001

台北市長春路９９號１Ｆ

（吉林國小對面，方便停車）

聯絡人：蔡素瑛

TEL：(02)7549516 劉榮煌

(03)4263998

FAX：(03)4222211 (02) 7549103

P-S 是否能出席務必於9月21日前電話通知聯絡人

或將下列回條*FAX*到(03)4222211蔡素瑛即可

ATTN：蔡素瑛

回 條

☐ 本人準時參加

☐ 很可惜，本人因有事不能參加

簽名：

參加讀書會的心得

高源平

雖然平日公務相當繁重，但多年來讀「雜書」的習慣，仍然是生活中重要的一項調劑。

參加「讀書會」至今已超過五年以上的時間，雖然有時因時間衝突而不能準時赴會，但會友寄來的書多少都會翻閱或精讀。

「書」永遠是人類最好的朋友，而「書友」多半是追求成長或養成終生學習習慣的益友，有時「書友」以超然的立場或生活、工作中之累積的經驗，闡述書中的精華，對於一個參加讀書會的人而言，都是寶貴的知識。

個人希望處在資訊社會的人們，除了習慣運用電腦掌握資訊外，還能夠養成經常讀書的習慣，讓我們在以書會友的過程中成長、茁壯。

（作者爲台北縣政府環保局局長）

喜出望外的收穫

陳文龍

在二年多前，因經營房地產的關係，很幸運地認識了「同名字」的曾先生，真是難得，後來知他還是一位對不動產有研究造詣又很深著作盈尺的讀書人。

曾先生辦有不動產讀書會，在這公、私、日、夜繁忙的生活中，抽出一點點憩息時間來舒口氣，放鬆一下，充充電，如弓一般的，更會增強彈力，實在是一件既必要又高興的事，何況還可認識許多比我更年輕有作爲的好朋友，最值得稱道的，大家沒有利害關係。真是一個很精緻的創舉。

坦白說：我一天廿四小時，實在分身乏術，想參加也沒有時間；去年十月間好友馮定亞市議員，意欲競選連任，我們也很希望她能當選，遂其願以展其抱負，爲了想多拉一些選票，就和老同事王妃緗小姐，毅然決然的參加今天讀書會。

加入了之後，如同嚼橄欖，愈嚼愈生津，爲什麼呢：

一、大家要求每人每月閱（翻）讀益書一本。

二、每月交換生活心得一次或談談近況。

三、相互說說一生得意或失意的回憶，天南地北的聊。

四、彼此發表個人的人生觀。

五、最大特色，見不到一般社會上爾虞我詐刁滑的臉譜，都是一副和善的笑容。

六、大家允許早到早退、遲到遲退、不到不退、有急事先離開的默契。

所以很自由自在，無拘無束，也不會藉故而去。

我雖年近古稀，我自認仍在學習中，所謂：「活到老、學到老、學到老、學不了」追求學無止的境界。

讀曾先生寄我大作：成功的定義是「把握當下」，我深有同感，我也加一句：成功者：「重視今天」因爲一個今天等於二個明天，尤其是讀書，不把握今天，猶待何時?!多讀書可美化你的人生。

我除了出國或特別忙或身子太疲憊之外，原則上一定會報到，因爲這樣的場合，在今天這個社會中，已不復多見，我很珍惜它——讀書會。

（按：陳先生爲開屏建設副董事長，讓人肅然起敬的長者）

書是隨時在你近旁的顧問，隨時都可以供給你所需要的知識。

——凱勃司

讀書會的附加價值

林明仕

或許有人會說：一些人看一些書講一些心得，有什麼了不起，當然，讀書會本來就是非常平易近人的活動，可是，乾淨，健康，沒有市儈，也沒有利害關係，這已經很難能可貴了，加上這個社會實在是充斥太多的「全」：全心、全意、全力、全權、全盤、全天候、全方位、……要求太多的「全」可能會導致全壓力，何必呢？放輕鬆一點的「一些心意」「一些力量」「一些情況」「一些辦法」不是很美嗎？所以，一些人看一些書講一些心得，本身就很美，至於要不要了不起，那就隨緣了。

一些人，不分男女，不分貴賤，可以臭味相投，也可以志不同，道不合，可以很池塘也可以很四海，三句不離本行可以，專攻他山之石者也可以，秀才可以，兵也可以，從音盲到音樂家，從色盲到美術家，有什麼不可以，三五人可以，三五十人也可以，祇要有一些人聚在一起就很豐富了。一些書，大名鼎鼎的、名不見經傳的、排行的、打死也沒想去看的、正經八百的、拉哩拉雜的……推薦好書是一樂，批評爛書也是一樂；認同是一樂，矛盾也是一樂；侃侃而談是一樂，聽別人打屁也是一樂。看法一致當然好；意見扯不清更好，有見地很好，沒感覺也不是什麼壞事，讀書會就是這麼可愛，也就是因爲這麼沒有壓力，所以，偉大的事情就發生了，大到覺得不看是罪惡，大到讓原作者無地自容，大到改變了一個人思考邏輯，改變了一個人的價值觀念，大到改造了一個人的命運。

如果讀書的好處是一，讀書會的好處則是一加 α，而這個「α」可能遠大於一。

（作者爲建築師）

To: 曾文龍先生 (F) 7813202

昭 明 法 律 事 務 所

參加讀書会心得

總覺得人生有三好，交幾個好友、做幾件好事，讀幾本好書。

在曾文龍兄所創導的讀書会中有幸參與，轉瞬幾個寒暑已過，雖然過往，也確實享受到人生的三好。每月一書，不覺已累積成堆，更甚者是作者的智慧加上書友的交流，好是我見。

廖學崇

九九七、六、廿四

台　北：台 北 市 新 生 南 路 一 段 114 號 4 樓
電　話：(02) 3959595 (代表線)　傳真：(02) 3914119
宜　蘭：宜 蘭 市 女 中 路 55 號 7 樓 之 1
電　話：(039) 333999 (代表線)　傳真：(039) 333899

TO: 曾啟雄先生 (781-3202)

讀書會偶拾

三日不讀書，面目可憎，但日日業務煩冗，惱人之事甚多，若不念工具書，則多日不讀書亦不見怪。

吾友曹大俠文龍兄，見朋友們在業務及應酬之力下夜夜以笙歌，日漸沈淪，靈魂漸失（面目可憎？）於十餘年前乃組讀書會，每月一書，共研心得，亦為好友之一，與其初次北投下場之「損友」，是為與會員耳、歲月匆匆，自而立之年以書會友，迄今已

陳貞彥建築師事務所

望孟兄！每月一書—財經企管、房屋企劃甚至西山說八卦無所不包，與會益感惠我良多！初創創會長為當然主席，眾說心得討論熱烈而不知夜已深沈，繼則改選會長輪值主席頗有社團架式，讓主持人更加努力自我成長。每屆聚會之前數日總會找出書目（不知書於何處）挑燈夜讀，當日則東拉西扯報告一番，更可自聞眾友精彩之書評誠人間一美事也。

陳貞彥 八六、八、一四

讀書會的回顧與展望

親愛的讀書會會友們：

大家好！久違了。首先在此向大家拜個晚年，祝各位狗年行大運，萬事如意！

時間過得很快！這些年來，咱們大夥兒在說說笑笑，吃吃喝喝中，不知不覺地也研讀了不少書，渡過了許多好時光，此次應年輕又上進之陳春塗會友所請，特將最近二年所讀過的書作一整理，供各位參考（如附錄）。

恭禧大家讀了這許多書，對咱們創會會長曾文龍兄所說的：「青春有限，友誼無價，知識無限」！作了最佳的響應和最美的詮釋。我們真是非常有福氣的人！能在這個繁忙的社會裏每月相聚、一起讀書、交換心得。讓咱們繼續來珍惜、疼愛這美好的緣份吧！

這個月的讀書會，咱們大家一起來個輕鬆的座談會吧！請每位會友聊聊個人參加這個讀書會的感想與個人對此讀書會的期望，咱們來相互分享，彼此提攜與共同成長，讀書會是大家的！希望大家一起來共襄盛舉，踴躍參加。謝謝！

祝　各位

生活快樂

事業成功

會長　高順鎰　敬上

83年3月16日

有些壓力，有些懷念

李佩芬

接到會長邀稿的電話，頓時又喜又愛，喜的是，五年了讀書會竟還沒遺忘我；憂的是，寫稿總是件苦差事。

翻出名片盒內一張早已泛黃的讀書會會餐通知函，上頭寫著81年5月7日（星期四）晚上六點三十分，地點在富鼎餐廳。看著會員的名字，一張張熟悉又些許模糊的面孔一一浮現。一張印有會員的聯絡電話，當初順手收藏，想不到一放五個年頭就過了。

常覺得自己是很懶得看書的人，卻忝爲讀書會一員，當年因緣際會從學校畢業後就進入雜誌社工作，也因爲工作的關係，而與前會長有了接觸。會長或許認爲我身在藝文界應是位愛書人，諸不知自己是位沒耐心讀完一本書的人。但因會長的盛情邀約，加上好奇心的趨使，就撞進了讀書會的行列。

總希望自己能輕鬆地蜷縮在沙發上，啜一口好茶，讀一本好書，靜謐地享受心靈的洗滌。然而事總與願違，回想每一次讀書會聚會前，自己總像臨上考場的考生，快速流覽書本，拼命地尋找書中精華，以便發言時能夠貢獻一己微薄的心得。似乎讀書會每次的聚會，反帶給我許多無形的壓力，也萌生了逃避的念頭。

人生總要有些壓力才會成長。

其實讀書會是個很輕鬆、很自在的地方。所有的壓力只是自己莫名的枷鎖。每位會員談論中，將書本所傳達的訊息、融合自身生活的體驗、工作的經歷，或閒聊或高談闊論，藉由言語的抒發，觀念的激發，讓會員聽得更多，想得更深，看得更遠，也讓彼此留下更寬廣的反芻空間。

慶幸自己沒有因爲當初的壓力，而把自己遺忘在讀書會這樣一個值得學習又充滿驚喜的機會之外。

因轉換工作而離開了讀書會。近來整天忙於教學與行政雜務上，許久未能讓自己的心靈享受清香的氣息，開始有點懷念讀書會了……

（作者爲崑山技術學院　不動產經營科主任）

諸會友之心得與收穫

・劉天然——很喜歡來，蠻自在的。

・劉太太——是我碰過最友善的團體。

・陳貞彥——每次來都是享受，又經濟，又便宜，很輕鬆，參加已快十年了，爲創會會員。

・張芳寧——像是很美麗的交響樂。

・黃淵蓬——專業性話題的探討，横的聯繫。

・應肅正——若不參加讀書會，除了我個人的專業書外，我絕不去讀什麼「達摩心劍傳奇」、「人生真相」、「夏日的禪味」等軟性的書，我抱著一種感恩的心來回顧所參加的讀書會。

・王慧玲——非常親切，聽大家的心，學大家的優點，「只要你比昨天進步一點，成功不是很遙遠。」

• 劉榮煌——在我人生的低潮時，我參加了這個會，真是受益良多。

• 陳清祥——參加讀書會，影響了我一輩子。我又另外創了三個會，每個禮拜都有讀書會。

• 蔡秀美——我幾乎每次必來，大家也各都是一本書。

• 吳文良——參加讀書會的心得，好比「移舟水濺差差綠，倚欄風搖柄柄香，多謝浣紗人未折，雨中留得蓋鴛鴦」（明，蘇谷）

• 張少熙——分享，成長，回饋。「黃金非寶書爲寶，萬事皆空善不空。」

83年3月16日

聽收音機來的年輕會友

陳春塗

在一次偶然的機會中，轉開收音機，聽到了宇宙不動產讀書會的介紹，心中突然有一種意念，希望能加入此一讀書會，就四處打聽，皇天不負苦心人，終於加入此讀書會，如今轉眼已經是二年前的事了，回想起來，在此二年中，受到了曾創會長，以及各個學長、學姊的勉勵，使我自己成長了不少。

還記得退伍以後，每天過著毫無目標的生活，上班、下班、睡覺，一成不變連續三年，一直到加入了讀書會之後，整個人生觀改變了不少，認識了各行各業的學長、學姊，有出版社、建設公司、律師、證券經理、製作人、攝影師、老師、立法委員等，都是我從未接觸過，但是經由讀書會的交流，恍然大悟，每個都是平凡的人，而只是在某幾方面他們是專業，但是一到了讀書會，大家都是朋友，沒有階級、年紀之分，這是我萬萬沒有想到，可知此讀書會是最值得交心、知識交流的好地方。

讀了二十多本書，收益匪淺，每當每個月最後一個禮拜三，是我最期待的時刻，因爲正是讀書會交流的時刻，每當由主席導讀之後，經由每一位同學發表其心得，我都會戰戰兢兢，記下各位學長、姊的心得，作爲自己日後的借鏡參考，當然，自己也免不了要發表自己的心得，記得第一次發表的時候，不知要說些什麼，但是每一位學長、姊都會不斷的鼓勵我，這是令我最感到感動的地方，當然每當讀書會結束之後，彼此都會依依不捨，希望下一次的來到，更有會外會，或則是聊天小敘不等，而我總是在此晚上，把學長學姊所講的話，重新再體會一次，更有說不出的滋味，然後隔天之後，再去買幾本一模一樣的書，去送給自己的好朋友一起分享。

此次有這一機會，曾創會長說要出讀書會的書，希望各位會友能交出入會的心得，藉由此機會，來感謝各位學長學姊這二年來對我的教導及鼓勵，以及我父母及弟妹，最後希望各位學姊、學長，天天快樂健康。

一九九五年七月十七日

愛書人的饗宴(一)

朱麗娟

一粒蘋果的種子，種在土壤中，可以數得出來，它可以結多少蘋果?但一棵蘋果樹上蘋果種子，就無法計算出它可以結多少蘋果。對此句話，最近有深深的體驗。

五月廿五日，在師大成教中心「社區婦女讀書會領導人培訓班」排了一堂黃馨慧老師的方案規畫實習課。課程快結束時，黃老師拿了二本顏色頗爲醒目的刊物，讓班上同學傳閱，後來傳閱到我的手中，才知是台中「七·七讀書會」的「禾碩」，記載去年所閱讀的書，及書評，在前兩頁，並記載了七·七讀書會的組織章程，及組織架構。翻下去，竟然看到一個熟悉的名字「葉節子」，一位老同事的名字。培訓班同學紛紛要影印「禾碩」，我已聯絡好七·七讀書會的執行長——黃瑞汝，告知培訓班對此刊物頗有興趣，黃執行長認爲與其擁有刊物，還不如和大家面對面分享經驗，爲了多一份對七·七讀書會的了解，正巧也因公事至台中，和黃執行長見面，對七·七讀書會也多了一番認識。

回來之後，又多次聯絡細節。經過幾番波折，終於塵埃落定，敲定八月六日（星期六）晚上七時，在師大教育大樓國際會議廳，舉辦「書與人的對話」七．七讀書會與您有約，暨讀書會領導人交流座談會。由師大成教中心主辦，爲了推動台北市若干讀書會，特別邀了台北市立圖書館、快樂讀書會、百合成長讀書會、圓夢讀書會、修德讀書會、洪建全文教基金會、社教館、永和潭墘社區讀書會、袋鼠媽媽讀書會，大家總動員，推動了三、四十個讀書會團體，把師大教育大樓國際會議廳擠得滿滿，座無虛席，盛況空前。聽說，能聚合如此多的讀書會菁英，也是首創。幕後一、二十個工作人員，彼此在不認識之下，也爲這個交流座談會努力推動，實是難得，大伙七手八腳的在短短兩個小時，把會場作了簡單佈置，反而七．七讀書會有備而來，五點半不到，八個人二部車，一到教育大樓門口，從車上搬了兩個大箱子，原來七．七讀書會的行頭都在裏面。沒有兩三下，會場大門口桌子，佈滿了歷年來七．七讀書會所研討的書——「禾碩」，錄影帶、藍色系列的宣傳海報、標語。國際會議廳馬上爲之一亮，我們在百忙之中，竟然會場大字未寫，真是急煞人也。急忙打呼叫器，尋找救星，終於找到奇蹟公司美工雅慧，在短短時間，只見她拿起大毛筆在紙上揮毫，才知她的功力頗深，只是平時不露相而已。

本來預計七．七讀書會分享一小時，另一個小時半作交流，由於七．七讀書會分享太精采，時間分享了兩個小時，只因時間有限，大伙才依依不捨，意猶未盡的離去。

經過師成大教中心與協辦工作人員協調，決定九月廿五日（星期日）早上九時至下午四時，再作一次讀書會交流座談會，相信這是一個對讀書人很好的一項福音，此次的「書與人的對話」，是一個拋磚引玉的活動，結合了教育部社教司、學術界、社會人士，許多讀書會的會員及領導人都有這麼一個想法，「我們並不孤單，原來有這麼多團體在做書香社會推動的事」，相信大家以後的路是愈走愈寬，愈走愈輕易。

（按：朱麗娟小姐，文化大學中文系畢，任職TBR奇蹟國際訓練機構，82年5月與一羣愛好閱讀朋友成立「快樂讀書會」）

愛書人的饗宴㈡

朱麗娟

在八十三年八月六日（星期六）師大教育大樓國際會議廳，聚集了三十多個讀書會團體，成員共有一百四十多位，專心的聆聽了台中「七七讀書會」成立五年來的甘苦。以及現在運作的方式。並分享了兩本好書《美好人生的摯愛與告別》《胡雪巖》的簡評。

同年九月廿五日「書與人的對話」呈現了不同風貌。交流時間也拉長，從上午九點到下午四點。活動會場從師大教育大樓國際會議廳移到佳晏餐廳。爲了讓交流座談會更豐盛，我們請到了在讀書會領導上頗豐富的三位特別來賓。

企業界代表「宇宙及不動產讀書會」的曾文龍先生。

婦女界代表「袋鼠媽媽讀書會」的陳來紅小姐。

對讀書會有理論基礎及實務經驗的「毛毛蟲兒童哲學基金會」創辦人楊茂秀教授。

此三位特別來賓，可以說是相當資深，而且專業。由於版面有限，在此只節錄片斷，以饗會友。如果要座談會完整資料，可向師大成教中心索取。

十年的讀書會，卻做了八年之久的會長曾先生有感許多人下班後無所事事，所以結合了許多與不動產相關行業的志同道合朋友，成立了「不動產讀書研究會」。

曾先生認爲讀書會不給予太多限制，所以年紀不拘，行業不拘，甚至宗教不拘。曾先生舉了一個很有趣的小例子。在八十二年六月，讀書會在聚會時，來了一位宋牧師，大約六十多歲。在讀書會結束，並帶大家清唱「這是一個令人嚮往的地方」，曾先生爲此特別做了一首「讀書會頌」來歌頌讀書會。或許是這些純情的友誼，讓「不動產讀書研究會」一直維繫至今。曾先生最後特別呼籲，讀書會本錢少，利益多，很值得終身追求。

「袋鼠媽媽讀書會」社區婦女讀書會的代言人陳來紅是一位非常資深的讀書人領導人，目前在台北縣十多個鄉鎮，協助社區媽媽辦讀書會。「袋鼠媽媽讀書會」的特色是媽媽研討書，孩子在旁邊玩，媽媽也有成長的空間。

陳來紅一直對讀書會情有所鍾，因她喜歡讀書會的自由氣氛，沒有約束力，不像在學校讀書有進度及考試的壓力。你可以有自己內在想法和智慧。讀書會最後是你的思想在那裏？我仍應該很寶貝自己獨特思想。

陳老師對讀書會有幾種看法：讀書會不應該有時間的控制，可能剛開始，沒有人發言，到最後可能忍不住，大家搶著發言。所以讀書會不要太規格化。一定要誰先講，主持人可能害怕，沒有發言，其實順著自然，反而好。曾經陳老師帶過一個團體，其中有一位媽媽參加一年多，沒有發言一句話，到了第二年，終於開了金口，但字字珠磯，簡短有力。其次，讀書會的人不要過多，它不一定要很熱鬧，才表示成功。

剛從另一個會議即時趕過來的楊茂秀教授，是「毛毛蟲兒童哲學基金會」的創始人，他的開場白幽默但頗發人深省。有一次楊教授和朋友一起受邀吃飯。這位朋友在主人大門口突然說：「等一下我會進主人的書房，如果發現主人書房只看同一類書，我就會奪門而出。」楊教授百思不解的問：「爲什麼？」這位朋友一本正經的說：「如果他只讀一種類別的書，必要心胸狹窄。」

其次楊教授說讀書就好像種東西一樣，世界上的每一塊土地，都在等待每一個人去種東西，等待的那個人是誰？那可能就是你。種什麼？只有你知道。讀什麼書，只有你自己知道。這是要看你自己，在那裏？要什麼東西。

第三就是，大部份的大書，都是廢話堆成。有一句名言：「小就是大」通常最普遍的東西，是很小很小，但卻是每個人都要，所以讀書要從小的書開始，最好和生活有關。楊教授以讀萬卷書，行萬里路來勉勵座談會的朋友，期待即使在散步，心思不要想東想西，想重要的問題，想許多難解的問題，要把自己放下，去和大自然結合，看看大自然給你的東西。

全程，師大成教中心邱天助主任的串場主持，每位會友的參與，及教育部社教司何進財司長的鼓勵，大家皆熱切期待，「書與人的對話」第三回，大家再相聚。

文龍老師：

教師節快樂！

書香人的對話
全体參與人員 敬賀

快樂 朱清容

知心讀書會 劉瑞英
省立新竹社教館
快樂讀書會
蘇惠馨 陳秋梅 詹進鄖 陳淇淇 于心中 黃飯貞
台北市立興福國中
溫碧麗
讀書會 林雪卿
陳仙芝
溫馨園地
陳秦美
清香会
凌國華
三重社區讀書會
陳好歆 黃麗卿
曾美惠
李淑華
張鴻德
台北市家庭教育服務中心
林淑微 陳幸貞 王冬嘉
師大 桃園縣大樹社區讀書會
陳貴枝 陳昭正
讀書會
幸福会 李仔華
七七讀書會 黃瑞玲
林錦山
大同分館讀書会
呂麗珠
林貴淑
桃園縣文化中心讀書會
王瞳
蔡美芳
劉秀慧
美滿家庭讀書會
黎和讀書会 張芸埠
台北市家庭教育服務中心
黃春芬
袋鼠媽々林口讀書会
鍾秀芬
中山國小爱心媽媽
陳秀秀
張美玲
黃慧瑄
新莊十佳讀書会

書與人的對話（第二篇）

～ 以書會友·以心交流 ～

讀書會領導人交流座談會

聽完台中「七七讀書會」知性與感性的經驗分享之後，您一定意猶未盡。本次我們再度邀請台北「毛毛蟲兒童哲學基金會」、「宇宙讀書會」、「袋鼠媽媽讀書會」三個別具風格的讀書團體與您對話，期盼您再次參與。我們會預留較多的對話時間，也歡迎更多新夥伴的加入。

活動日期：八十三年九月二十五日（星期日）
活動時間：上午9:00-12:30(8:30開始報到)
活動地點：師大教育大樓二樓國際會議廳（圖書館後面）
　　　　　台北市和平東路一段一二九號
聯絡電話：(02)3660844、3633193（師大成人教育研究中心）
　　　　　(02)3776099(朱麗娟)、(02)3633486轉22(黃雅芬)
指導單位：教育部社教司
主辦單位：國立台灣師範大學成人教育研究中心
協辦單位：快樂讀書會、台北市立圖書館讀書會、百合成長讀書會、圓夢讀書會、師大成教中心「社區婦女讀書會領導人培訓班」、修德讀書會、洪建全文教基金會
活動程序：

9:00～ 9:15	序幕........................	邱天助
9:15～10:15	毛毛蟲兒童哲學基金會......... 經驗分享	楊茂秀
10:15～11:15	宇宙讀書會-經驗分享...........	曾文龍
11:15～12:15	袋鼠媽媽讀書會-經驗分享.......	陳來紅
12:15～12:30	下幕........................	何進財
12:30～	自由交流....................	朱麗娟 黃雅芬

....

書與人的對話(第二篇)報名回條

姓名：＿＿＿＿＿＿＿＿＿＿電話：＿＿＿＿＿＿＿＿＿＿＿＿
地址：＿＿＿＿＿＿＿＿＿＿＿＿＿＿＿＿＿＿＿＿＿＿＿＿＿
☆報名費200元，現場繳交。
☆請於九月二十日前寄回台師大成教中心
　台北市和平東路一段一六二號

讀書會交流座談

百餘讀書人 共享知識饗宴

【記者陳碧華／台北報導】學生視「讀書」為苦事，出了校門的社會人、尤其是婦女朋友，卻視讀書為樂事。「讀書會」目前在台灣各地蓬勃發展，台灣師大昨天一場「讀書會領導人交流座談會」，就吸引了二三十個讀書會一百多名讀書人參加。一百多雙炙熱的眼睛，飢渴的想汲取知識的泉源，以便流佈各地。

座談會安排了三位在帶領讀書會上有豐富經驗的人士和大家分享經驗，分別是不動產專家曾文龍、袋鼠媽媽陳來紅，以及兒童哲學教授楊茂秀。光是三個人的講話，就是一場知識饗宴。

曾文龍十年前就創辦了「不動產讀書研究會」。那時，他覺得台灣的社會文化水準不高，很多人休閒活動就是到酒家。他就找了與不動產有關的各行業朋友組成讀書會，一開始是讀不動產專業的書，後來很快的讀完了，就開始讀各種不同領域的書。

「袋鼠媽媽讀書會」的特色，是可以帶孩子一起來讀書，昨天就有一位媽媽帶了孩子來座談會。在台北縣和全省各地推動這個讀書會的陳來紅，經常告訴讀書會的媽媽們：「讀書除了要吸收作者的智慧，也要想一想，你的思想在那裡？」

陳來紅說，讀書是束縛的解放，所以讀書不必給成員太大的壓力，可以讀得輕鬆，但態度要謹慎。她不認為讀書會一定得辦得熱鬧，像一堆人在跳大腿舞，「如果有人生性好靜，不必去改變他」。

「毛毛蟲兒童哲學基金會」創辦人楊茂秀說，讀書有時像在種東西，這世界有很多地方等著人去種，但要種什麼，只有自己最知道。他認為大部分的大書都是廢話成堆，因此建議讀書會讀小的東西，讀自己需要的東西。

83 9 26 聯

做房地產該讀何書？

曾文龍

若說，讀書是一種「學」，則學要能致用。

從商，最好也常讀書，因從最現實的觀點看，它可用之於商，可利用來幫助作生意。

但讀書最好能「深入」，專心研讀那有關的書。

我的一位朋友說：「我從來不讀工商以外的書。」他不念文學的書，不看武俠小說。雖覺其「狹隘」似少了一些人生的情趣，但亦可見其專心，專心務商之實——有利於商我讀我鑽，無助於商我捨棄不浪費時間。

這樣，難道你不承認他對工商知識的增進與運用會比那隨意漫泛瀏覽的要深入進步得多？

時間是很有限的，精力是很有限的，不管你的興趣是廣是狹，先集中精力精神作最要緊的事，一步一步來，一件做完行有餘力再作另外一件。如此，才能作一有獨特氣質的「工商人」。

以房地產而言，那房地產的書、建築的書、法律的書、管理的書、推銷的書、企劃的書……種種直接可「利」房地產的書已足夠吾人鑽研一輩子了。

75年6月

世上有兩種人——無書而能活者和無書不能活者。

——井上

開心的生活

Date
day
PAGE

1995年8月30日(星期三)於大觀園茶藝館
寶島讀書會、不動產讀書會 研讀 鄭石岩教授著作
"開心的生活"
出席會友請簽名：

鄭秀嬋、蔡伯欽、張芳寧 蔡素瑛
吳文良 [illegible]、王琦樺、林春美
[illegible] 莊勝民 廖玫娟
洪翠櫻 陳[illegible] 薛秀英
陳文龍 顏錦翔 [illegible]
張[illegible]

一人一言，請踴躍發言留言

鄭秀嬋：放下我執，立地成佛.

蔡伯欽：良田千頃只能吃三餐，華廈百棟也只能睡一張床，即是人生要知足，即能開心生活

張芳寧：做一行愛一行，去欣賞古今中外大小人物忠於生命及熱愛生命的[illegible]

蔡素瑛：扮演適合自己的角色，並懂得使人生圓融。[illegible]
成功、開心、快樂是一種態度，也是一種習慣。

吳文良：讀書會乃沒有壓力的交心，即開心的club.

[illegible]文[illegible]：[illegible] 是心境的呈現

陳文龍：專注心湖 忙而不亂。

蔡月琴：「看重自己是執著，看輕自己是菩薩」（般若）
金[?]

王琦梓：凡事不"計較" 知行合一

林春美：不自在的人才談自在

廖學雯：精進修行

莊濟民：感受自在，尋求人生的真實光明面。

廖欣娛："真空妙有"

汪翠櫻：「知足常樂」，開心的生活，必從"一顆安定的心"開始。

陳春進：人我人非 無我無非 是我是非

薛秀英：兩個人大慈，同體大悲
（帆吟）

陳文龍：

張芳照：「天下沒有筆直的路，世界上也沒有沒壓力的地方」。
凡事關心；萬事開心。

陳清祥：曾聽過鄭石岩教授的演講，自述他的自傳及入門之經過，十分佩服。該本書可以提高生命，找到自己落腳的自在，「重新定位青春，不受環境[illegible]
P.168 讓生命能傳久遠
願健康富足分享大家。

（孩子若生病不克前來，來電說請15條，問候大家）

假如人生只剩三十秒

文龍兄

親愛的讀書會會友如晤：

上個月（八月份）的讀書會，有十五位會友及三位來賓熱情參與，在王琦樺的主持下，眾友咸感溫馨，共同期待下一次聚敘出席率更佳！

印象深刻的是陳文龍自老爺酒店趕到會場，放棄盛宴前來品嘗濃郁書香＋茶香＋排骨便當；顏錦福連趕第七場；廖學興偕夫人與佳賓，且贈在場會友「慈悲與智見」人手一册；陳清祥以電話傳來心得及祝福、、、

當日眾友親書「珠璣集」影本隨函附上。

本月九月二十七日（周三）下午6：30於儀特利研讀書籍爲——『假如人生只剩三十秒』，頗聳動的書名！內容究竟如何？您一翻開書本就發掘、、、

本月主席爲陳文龍（開屏建設機構總經理）與王妃緗（開屏建設機構副總），若尚未收到通知單或書本者，請電7695050王妃緗，若萬一出差或不克出席，歡迎電傳讀書心得至7692482王妃緗或電傳7129458張芳寧。

期盼您的英姿、倩影！大家一起來！開心互動！

敬頌

健康如意！

張芳寧　謹上
9—14—1995

1995年9月27日(周三) 研讀書籍：假如人生只剩30秒

王妃緗：信心乃致勝的基石

薛秀英：每月來此與老友相聚，最感愉快。
高尚岳 孫平元好久不見，非常想念！

張芳寧：真心過生活一信、望、愛

方蔚華：廣交天下朋友

曾文龍：那[illegible]美好的仗、我已打過

陳春逢：知自信心、自己進心

吳文良：自己就是一座寺廟，何必外求修行：

廖玫娛：做自己真正的主人

陳清祥：開懷惻隱之心、客觀、平安、知足、平常心、惜福

高順鎧：保持利山綿服最好吧！大家多來享用吧！

劉天然：一秒一秒過。

劉榮煌：假如人生只剩了30，心想事成，美夢成真

張敏之：一步一腳印。

劉榮煌

改變一生的一句話

1995年10月24日(週二)研讀書籍"改變一生的一句話"

蔡伯欽 凡事一切求心安，不為外表毀名批判所困而自擾之。

陳清祥 謙沖為懷，虛心求進，自成長，收穫會更多。

張少熙 不到峨嵋不看山 一路看山到峨嵋

方蔚華：不要以成敗論英雄。

侯建民 踏出第一步，便是成功的開始

廖玫蓁 坐而言不如起而行。

陳文龍 大著人想乙可以處人 大著事想乙可以處事。

曾文龍 看天，知天大，知所不足，心胸會大，會快樂

陳春塗 時時發心，日日行善

鄭秀娟 人要衣裝，佛要金裝；做什麼，像什麼！

張芳寧 接受命運，常懷感恩心，創造[illegible]運

王妃緗 凡事做最好的準備，最壞的打算。

廖淑瑛 一人生是一列單軌列車，切記把握現在。

陳琴心 滿招損，謙受益。

宋慧珍 快樂作夢，快樂實踐

康錫祥 常唸可以讓自己心平氣和，自己心中的一句話。

翁怡銓 「認識自己」是可以終身不斷努力的志業

劉學煌 心想事成，美夢成真

吳文良 電話留言 是人又不是木刻，幹什麼呢

洪翠櫻 出國前留言 朋友不管你是漲停板，或跌停板時

他都與你一起被套牢

心安事成

1995年 11月29日（周三）研讀書籍"心安事成"——於吉祥草

洪翠櫻：企業的成功必需具備「天時、地利、人和」三大要素，更要知行合一才能達到目標

蔡秀美：安人管理的根本目標

陳文龍：待人要和一點，待事要細成一些。

陳春塗：你好，我也好，大家好，明天一定會更好

陳琴心：君子謀道不謀食，君子憂道不憂貧

陳清祥：修身安人，有效管理，創造實質利潤，才是真正的企業。

張芳寧：柏拉圖＋孟子＝智慧＋賢能（道德、才華）→心安事成

王琦樺：無為而治是儒、道、法家共同的理想，也是現代社會最難之處

鄭秀娉：定、靜、安、慮、得，借用陳總經理的話。

王慧玲：無為而治乃是美境界，但堅定信念，業務尊嚴，持著原則，才有可能推行完全。

吳文良：人性管理＋心理經營＋活潑的方法＝成功的一半，另外在運氣、¼在業力。

高順鎰：好好管理好自己吧！

宋慧玲：隨時為生活找一個快樂的平衡點。

康錫洋：常保赤子心，心廣福泰來。

曾文龍：不趕緊看大家心裏不安

陳英彥：敬事不專敬於事——心安事成

劉天然：自求心安，也安人之心，則事必成。

心靈藝術治病強身

1995年12月27日(週三) 研讀"心靈藝術治病強身"

宋貞彥 坐而言起而行 …… 治病強身

王秀美：外在的世界要環保，內心的世界更要環保。

小秀娟

慧玲 自命自造，但定要從善向上。

王錫洋 練氣、養氣、不生氣。

劉紫煌 命運是可掌握的。看書要看最後一頁報名表。即知即行

劉天然 健康之道在流通，心通是最高境界。

宋慧玲 昂首闊步向前，前途永遠有光明。

吳翠櫻 「精、氣、神」的時機的體會，是靠每人的靈性，去頓悟、但也必須靠身体力行，去實踐，才能達到其功能。

陳清祥 優勢法則，自然習慣，工作愉快，事業有成。

吳文良：請回雲住心即自在，隨風隨喜，隨緣隨心。

張芳寧 超感知覺能力，潛能的開發：追求生命活泉

曾文龍 喜悅、寬大；自然、無限美

鄭鳳汝 順其自然，快樂自己

費翠莉 心中常存有愛，人生即不一樣

林坤儀 認清自己才能活得更自在。

周淑雯：健康在平常的養生之"道"，而道，在於此書中。

申子玄人：自主、自覺、自在。

蕭啟堯：你好，我好，大家都好，明天就會更美好。

顏錦揚：讀書會吸引力真強，雖然人不能來，心卻無法擺開。

心靈藝術治病強身

你我都贏才是贏

宇宙、不動產讀書會
簽到及心得分享

時間：85.03.27　　主題：心得分享　　主持人：陳琴心
地點：大觀園茶藝館　書名：你我都贏才是贏　　蔡伯欽

姓名	簽到	生活心得分享
曾文龍	曾文龍	心胸擴闊隨時贏
陳清祥	陳清祥	要成功先要做善事.
陳貞彥	陳貞彥	要贏就參加讀書會吧!
張芳寧		
高順鎰		
劉榮煌		
廖學興	廖學興	福慧双修贏一生
蔡秀美		
蔡素瑛		
劉天然		
洪翠櫻		
王慧玲	王慧玲	凡事先你後我一定贏
張少熙	張少熙	贏就是輸．輸即是贏
吳文良	吳文良	讀人讀己．得智捨怨

輸到盡頭便是贏.

蔡月琴		
高源平		
顏錦福	顏錦福	
鄭秀娉	鄭秀娉	輸與贏、一念之間。
應肅正		
陳春塗	陳春塗	人人皆有醒君子之心。
呂毓卿	呂毓卿	求勝只求一面、求不敗才能兩面俱到。
王琦華		
陳文龍		
王妃緗	王妃緗	凡事心存感恩
蔡伯欽		
陳琴心		
康錫洋		
宋慧珍		

提案建議：[illegible]

RDG-1.SAM85/02/27

假如人生只剩30秒

曾文龍

假如人生只剩30秒
讓吾人能說
那美好的仗　我已打過
充滿喜樂與感恩的
跟隨　基督的腳步
充滿法喜與感激的
跟隨　佛陀的指引

跟隨一切
你所尊崇的　老天爺

吾人不確知
死亡之神　何時降臨
吾人更不確知
意外何僅只在他人
但當吾人盡力
每一天的每一件事
把握每日的看書光陰
假如人生只剩30秒
我們都可以這樣說
那美好的仗
我已打過！

參加王妃細輪值主席研讀「假如人生只剩30秒」書籍心得

84年9月27日

書在我們生活道路上所散布的幸福是寶貴而無法估價的。

——約翰·盧伯克

分秒之美

曾文龍

人生四季皆美
讀書會真美

在讀書會
看到每個人之美
每個人四季之美

每張臉　都是最美的
都有獨特之美

每個人的內在
更有無限之美
無限的潛能蘊藏

每季皆美
每地皆美
每天皆美
每分皆美
每秒皆美

讀書會之美
非常的喜樂之美

參加讀書會（吉祥草茶藝館，富錦街）研讀「人生四季之美」有感

85.11.27.

讀最好的書，否則恐怕會失去讀它的機會。

——梭羅

宇宙不動產讀書會

親愛的同學：

誰不渴望留住青春？然而；代表青春的不是紅光滿面、身手矯捷，而是堅強的意志、高超的想像與旺盛的情感。

誰都想長命百歲，無人想老。任誰也無法抓住時間的輪子令它停止不動，奈何誰也擺脫不了歲月的催逼，而追憶流逝的時光。

誰？能欣然接受縐紋背後的是；曾經歡笑、曾經活躍、曾經表達自己。

作者以春、夏、秋、冬不同之景像，來形容人生這條獨一無二之單行道。雖然機會只有一次，但每個人只要能開創人生、實現自我、活出健康、充實晚年，再由心靈中去追求那永恆不變的春天，相信人生將如四季一般之美麗。

※讓我們共同來把住圓融之四季※

用書：【人生四季之美】
時間：85年11月27號【星期三】------ PM6：30
地點：吉祥草茶藝館
地址：北市富錦街114號一樓
電話：718-7035

耑此　奉達

四季富有

主席：洪翠櫻
高順鎰　敬邀 20 November.96

95/07/03 16:49 P.02/02

記一個巴黎街頭賣可樂的中國男孩

傅從喜

在這異鄉的土地
你是少有的親切面孔
同樣的髮膚
同樣的語言
據說
還有同樣的血液

在這光鮮的觀光地
你是唯一錯置的佈景
衣衫襤履

羞澀畏生
你來錯了地方
也生錯了地方

買罐可樂吧！

其實
我的口並不渴
只是
我的心有點虛
小小的五元硬幣
區分兩個不同的世界
有人說
我們終會成爲一家

也有人
吵吵嚷嚷著要分家
我只願
四海之內都是溫馨的家

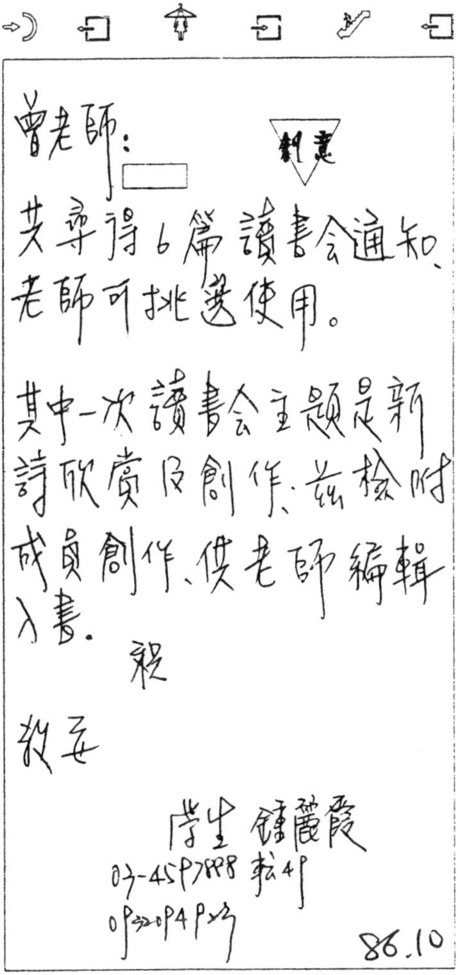
曾老師：

創意

共尋得6篇讀書会通知、老師可挑選使用。

其中一次讀書会主題是新詩欣賞及創作、茲檢附成員創作、供老師編輯入書。

祝

教安

學生 鍾麗霞

03-4597888 轉41

0932094923

86.10

伍

火花激盪～書友往來信函

成功的定義

成功的定義？
把握當下！

成功的定義
隨時盡人事而全力以赴的過程

因爲明天
誰也沒有把握
設若今晚地震

則今晚的讀書會
卻爲人生的最後
但你仍可含笑訴說
（總比哭著道別好看）
今夜
那美好的讀書會
我曾參加
恰類似
「那美好的仗
　我已打過」
成功的定義
乃是

隨時隨地的成就感
因爲你已盡力
因爲你已珍惜住光陰
珍惜了周遭的人與事

成功的定義
非關名位
非關權勢
非關財富

成功
乃在於把握當下
珍惜現時所擁有

一種心靈深處的滿適

總統只有一個
不選總統就沒有其他的路嗎？
選上總統就算成功嗎？
搶奪院長寶座就是成功嗎？

「在人走過的山路後面
必有許多不爲人知的小徑與盛開的花朵」
「做任何事都行，只要你
睜開雙眼，放開心胸，移動雙腳」

（摘自第7頁）

成功的定義

朝聞道，夕死可矣！
親愛的朋友，容我記下
84年5月31日
那樸質芬芳的美麗夜晚
那如同「龍兄虎弟，音樂教室」的小小桌椅

曾文龍
84. 6. 1.
莫泥齋

參加宇宙讀書會輪值主席王慧玲小姐所主持的研讀「強者快半拍的奧秘」有感
（作者：日本　伊吹卓　上硯出版社　76年4月出版）

附錄／「強者快半拍的奧秘」第7頁

「去書店的好處很多，其中之一是，由其陳列的新書、新雜誌，便可測知世界的傾向。」

我思，故我在。

——笛卡兒

讀書聚會最溫暖

親愛的讀書會會友：

一、感謝多年來，讀書會會友對敝人的支持，使得讀書會能綿綿不斷，且能持續成長，名聲爲四方所遠播。

二、讀書會一直是一個溫暖的大團體，會友間私下的時常聯誼、協助、合作亦令人欣慰。

最近嘉義的林明仕總經理的感性來函（大家應都有收到）；早年會友李佩芬到台南崑山工專接任不動產經營科主任的蒞會告別；台中劉嘉崇董事長的北上相聚等，皆令人深刻感受到某些會友雖因職務變動等原因而不得不離開後，卻仍然以行動表現了讀書會溫暖的延伸。

三、敝人於8月29日晨爬山時，竟在山頂巧遇因事忙未能常常來的廖學興律師，並丟下這樣一句幽默的話語：「請告知我有沒有欠繳讀書會會費，千萬不要在背後罵我沒繳，甚至連我入土了還要罵！」

敬祝

平安喜樂　諸神祝福

宇宙讀書會

不動產讀書研究會

曾文龍　敬啟

82.9.9.台北

讀書聚會最清純

廣博知識值鑽研

知識力量無限大

書到用時方恨少

禮讚七七

——送給台中「七七讀書會」

書香的臉　最美
書香的眼神　最溫馨

交好友　讀好書
書心的貫穿　齊一的團體
七七的書香　臉最美
七七的眼神　最溫馨

愛讀書的男人　不會變壞
愛讀書的女人　更有氣質
書香的家庭　心靈永遠契合

讓吾人禮讚
七七讀書會
芬芳四溢！

曾文龍
83.8.6.於師範大學
參加「書與人的對話」有感

書與人的對話
讀書會領導人交流座談會

目目表

蔣之敏：美好人生的摯愛與告別 -- 正中書局

八十九歲的海倫.聶爾玲及比她年長二十一歲的史夫斯克特.聶爾玲 (Scott Nearing)將在書中告訴您…「參與愛並深愛他人，就是人生最大的報酬。　愛心的表現似無止境。摯愛與告別都是生活的課題」

「如何應付自己的死亡問題與老年生活是需要深刻且富有創造性的」

張衡州：胡雪巖 -- 聯經出版社

中國商戰之神 -- 紅頂商人"胡雪巖"系列，共有三套七冊，高陽先生以主角的性格作爲故事情節發展的驅動力，是詮釋清末政商關係的經典之作！

司儀：宋麗娟

指導單位：教育部社教司

主辦單位：國立臺灣師範大學成人教育研究中心

協辦單位：師大成教中心「社區婦女讀書會領導人培訓班」、快樂讀書會、臺北市立圖書館讀書會、圓夢讀書會、百合成長讀書會、修德讀書會、洪建全文教基金會

月是故鄉明

To　　Dear 蓮花曾兄:

久未請安　　疏懶之處　　尚祈見諒

明仕回到嘉義開業

一則　　月是故鄉明　　二則　　逐水草而居

嘉義是一個還可以的地方

有空到嘉義奉茶

有明仕可以幫忙的地方

也請不要客氣

還有

最重要的

祝福您　　　　順心康泰

可能需要出兵一陣子

希望跟大夥 尚存續緣

有空處請不吝指教

林明仕 82.8

親愛的讀書會會友們：

大家好，非常感謝大家熱烈支持三月份的讀書會－「回顧與展望」座談會，由於會友們的踴躍發言，我們得到許多寶貴的回饋與意見，謝謝！未來的月會裡，希望在各會友的參與和督促下，我們能將所匯總的好建議一一展現出來，可以相互多切磋，彼此更了解。

首先，為了加强會友們的相互認識，我們由本月份起，特別安排一段時間來輪流給兩位會友作自我介紹，誠懇的希望會友們能「準時」參加，以行動來支持我們這兩位優秀的會友－陳貞彥同學和洪翠櫻同學，謝謝！

再來，我們也在讀書心得分享之後，留下一段時間給會友們相互交流，作各種不同專業的分享。各位如對工作或生活上有任何感想和看法，歡迎您來和會友們互動，交換意見，謝謝！

另外，為了給會友們有個共同合作的經驗，我們由四月份起，每月安排兩位會友一起選書、共同主持月會和分擔聯絡的工作，希望讓我們的月會更豐富！更有創意！隨函附上的輪值表，它是隨意安排的，有不週之處，請各位會友海涵！謝謝！

最後，誠摯地邀請會友們踴躍來參加，共同來支持我們的這些新嘗試，並繼續給予寶貴的指導，非常感謝！

祝　生活快樂

事業成功

會長 高順鎰敬上
1994.04.18

文龍兄：

親愛的快樂讀書會會友們：

麗娟自民國82年5月13日參加讀書會至今已四年多，收穫頗豐，不只在閱讀領域的擴展，也結緣了許多好朋友；包括102歲的陳翰珍爺爺、師大社教系的教授們、教育部社教司的何進財參事、各行各業的精英....等等多位專家學者。

在參與讀書會期間，自己也磨練了規劃、口才、組織、反應力，更高興自己有如此的毅力作全然的投入。也很高興您在麗娟擔任三年的會長任內，給予麗娟的協助，使得麗娟在推動會務上，能順利進行，並且也舉辦了許多創意性的活動。

現任會長張善苗小姐，於86年6月20日接任。張會長參與讀書會也三年多了，平時便很熱心公益，並曾歷任幹部與副會長，待人誠懇，希望會友們本著對我麗娟與本讀書會的愛護與支持，繼續給張會長與讀書會最熱情的支持。而我麗娟也會繼續在幕後作組織的運作與會務的推動。

※86年7月11日（星期五）晚上 7:00~9:30 ，在我們平時活動的場地（成功國宅活動中心），加開一場『與出版社面對面』的聚會，讓大家與出版社自由交流，並為未來同質性的活動作進一步磋商，以期待明天會更好。

謝謝大家，也祝大家

快樂！　健康！

您的好朋友　朱麗娟 敬上

1997.07.05

親愛的快樂讀書會會友及愛好閱讀的朋友：

繼上次大溪蘭園之旅，這次藉由3月2日(星期六)過年喝春酒的機會，又再度凝聚了大家的活力與對未來的期盼。當天在會長麗娟的主持下，大家先花了兩個小時的時間，討論了未來的走向，3月15日擴大開會的準備工作與工作人員名單，而且也票選了下一季(4月～6月)所研讀的書目(與現代社會、經濟層面為主)。稍後，大家便〝哥倆好，寶一對〞的喝春酒，充份達到〝水乳交融〞的境界，也帶動了大家一起努力，共同經營讀書會的理念。

85年4～6月的書目(時間：每個月第三週星期五 7:00～10:00PM)

時間	書名	作者	出版社	主持人	串場
4月19日(星期五)	企業禪	周乙郎著	大村文化	張朝春	林月雲
5月17日(星期五)	生命的展現(To have or to be)	Erich From著 孟祥森/譯	遠流	張芸瑋	朱清峰
6月21日(星期五)	2000年大趨勢	尹萍/譯	天下文化	張善苗	張芸瑋

※欲購書者，請聯絡蕭學賢：(02)733-5512　劃撥帳號：11978822　戶名：蕭學賢

另外，俞金志大哥大力推荐呂大朋會友所寫的“追求極限”，經大家熱烈的討論，一致認爲這本書亦應於會中提出探討。在4月～7月的讀書會中，開闢15分鐘的“生活小品”單元，將書中的四個層面，分4次由呂大朋會友主持與解說，讓大家又多了一份心靈的饗宴。希望大家拭目以待。

活動日期：每個月第三週星期五晚上7:00～10:00
參加對象：喜愛閱讀的成年朋友
活動地點：台北市大安區成功國宅35棟 活動中心(TEL:7077039,7091336)
　　　　　台北市大安區群英里四維路198巷30弄9號
活動費用：50元(年費12次600元)
會　　長：朱麗娟會長
　　　　　TEL:(02)3776099轉663,662
　　　　　7087212,070079592#01
聯 絡 組：蕭學賢組長 7335512,060294171#88
　　　　　俞金志組長 3253578,059210996
　　　　　朱清峰組長 3776099轉662

聯絡組　敬上
1996.03.04

青春有限　友誼無價　知識無限

親愛的讀書會會友：

十月二十七日的讀書會，我們又回到久違的「茶藝館」，雖然茶藝館的太輕鬆氣氛，容易讓人鬆散，不過偶爾換一下氣氛，也能讓人感受到生活的趣味。我們感謝張芳寧主席的安排。

出席會友仍然非常踴躍，場面仍然非常熱誠溫馨，實在非常可喜。在「人生的真相」該書熱烈討論之後，我們終能把握一些時間，對久懸未決的新會長再作充分的溝通，在熱誠的討論後，並推舉高順鎰會友為新會長，亦為可喜可賀之事。

讀書會自七十五年五月創立以來，蒙諸位老中青會友的支持，得能綿綿不斷，創下難得的都會書香。另外可喜的是，多年來我們的會友，不論在事業上、升官上、工作上、友誼上，各方面都有明顯的進展，套句俗話說，「愛讀書的小孩，不會變壞」，真要恭喜大家了。

感謝多年來大家對敝人的支持，青春有限，友誼無價，知識無限，讓我們一齊期待十一月二十四日的聚會。迎接新會長與新主席的嶄新時代。（主席爲陳貞彥建築師）

創會七年非尋常
友誼無價才珍貴
都會書香開沃土
留待他年芳華飄

宇宙讀書會
不動產讀書研究會
曾文龍
於不語動山莊
82.11.10.晨

感謝與惜緣

曾創會會長文龍兄：

我們都是非常有福氣的人。七年來，在您的眞誠引導下，本讀書會一步一步地走上

「青春有限
友誼無價
知識無限」之大道

謝謝您！讓咱們繼續來珍惜美好的緣份，進而創造更多廣結善緣的良機。

不動產讀書研究會
會長 高順鎰暨全體會友 敬贈

中華民國八十三年四月二十七日

讀書會憶

——送給王慧玲會友

二年了！
「連我這最資淺的讀書會友
都參加兩年了！」（王慧玲會友如是說）

是的，親愛的朋友
韶光易逝
在指縫間輕輕溜去
不細思，還以爲妳

最多參加一年呢！

親愛的朋友
真誠之交，淡若流水
我一直都牢記著你們
就算一年只見一次面
我仍然都牢記著你們
縱然你們把我忘了！
（妳卻嚴正糾正我這句話）

妳說，創會會長不可能離去
還真讓我「受寵若驚」呢
而事實上我已悠哉的卸下了

漫漫七年的純真「俗務」
親愛的朋友
有緣相聚
無緣離散
這些悠悠純純的誠摯聚會
如同一泓流水
永遠洗譁大家的心谷啊！

不語動先生
82.12.16.台北

愛書

——給一位美麗的朋友

曾文龍

夜深
大地寂靜
美麗的人兒
不睡
看書

愛書的小孩
不會變壞
年少不唸書

長大方恨少
愛唸書
永遠不嫌晚
書的懷抱
永遠暖著妳
一日不唸書
面目可憎
美麗的人兒
乃更芬芳

82、6、4

成功是一種習慣

會友如晤:

讀書會新春餐敍已於一月廿五日(星期四)順利舉行，與會會友齊力推舉八十五年度共同會長蔡月琴小姐與陳清祥先生，兩位均有豐富學養，深具企業及社團領導歷練。咸信將爲本讀書會注入活力，更展新貌。財務長仍由熱誠親切的洪翠櫻小姐連任。

光陰荏苒，眾友感懷本會十周年之慶，當日有些會友因事未克赴敍，特再函告如上。又新任共同會長已擬就「新年度行事例」，除每月例會，其中二月單元由高順鎰先生講座——「成功是一種習慣」，另有七月登山、十月淡水之旅，即知即行。期待大家共同熱情參與新年度每一次活動。

耑此　並頌

健康如意

84年度會長 張芳寧　敬上

86.2.7

樂生讀書會---熱情の邀約

嗨！親愛的會友您好！

夏日正是動的季節，身處滾滾紅塵的我們，您想知道天地之間的遊戲規則從那裏發源嗎？（例如：夫妻、朋友、老闆與員工、長官與部屬……）其實答案早已存在，基本原理也不會變，它就含藏在乾坤二卦裏.

讀書會需要您的智慧與熱情參與
它因為您　而變得有意義
而您　　　也因為它
獲得成長與滋潤
所以
盼望您準備一顆活潑、靈動的心
讓我們一起來品嘗智慧的饗宴吧！
祝

夏 日 清 涼

陳曼玲 敬邀
82/8/14

****

◆時間：82年8月29日 PM 2:50～4:20
◆地點：聯勤信義俱樂部(集賢廳)
◆題目：紅塵人事的遊戲規則
　　　----從易經乾坤二卦說起
◆對象：熱愛生命、突破自我、追求卓越者
◆主講：嚴定暹小姐（國科會研究員）

聯法律事務所陳進會律師　　FAX NO.:023316773　　04-18-1994 Mon 04:28　P01

To ： 玉鼎建設廣告公司	Attention ： 曾總經理文龍	
From ： 友聯法律事務所陳進會律師	Fax No ： 023316773	Total Page ： 1

樂生會四月份讀書會通知

會時間：83年５月１日14:00～21:00台北聯勤信義俱樂部光榮廳

書會時間：83年５月１日下午15:30～17:00

書會主持人：林永三會友

薦書籍：新厚黑學（ 米津寧女士著作，聯經出版事業公司出版 ）

以下是林永三會友對推薦此書的簡介

～喜怒哀樂皆不發，謂之厚。

發而無顧忌，謂之黑。－－－－－－－－李宗吾

～厚黑學原作者係李宗吾先生，或許過去已經有人曾涉獵過。原著者的筆法比較朦朧晦澀，常令人不知所云。朱女士以其過去廿年之經驗，將自己的思想以清晰易懂的字眼，有系統地對「厚黑」作了新的詮釋。她希望讀者看了本書後，馬上能獲得對人生成功之道的新體會。

Together, men are strong;

Separate, they are weak.

親愛的會友：

非常感謝 陳武麟兄 及 不動產組的會友們 通力合作，我們上次的聚會，相當成功。曾文龍兄及鍾榮昌兄的精闢分析使我們對不動產市場的趨勢更加了解。

7月25日，輪到 華興補習班 柯志毅兄 及 金融証券組的會友們，在南港的大都會俱樂部舉辦，請踴躍參加。

謝謝會友劉得爐兄 提供"踏青採水梨"的節目。
時間、地點 如附件，請有興趣的會友，事先報名。

另外，非常感謝劉得爐兄 提出"全國加油站聯鎖店 增資案"的投資機會，該公司預計明年送件申請上市，有興趣的會友，請和 劉兄聯絡。

我們樂生會的會務，推展至今，似乎遇到了瓶頸，不易往前精進。會是大家的，請您幫忙。

樂生會　劉仲明　敬上

虎山——南山蘆園之旅

曾文龍

虎山相聚慈惠堂　瑤池金母瞻慈顏
走出戶外讀書會　十年聚會第一遭
烈日當空蜿蜒行　芬多精來洗汗水
若恐迷路看「路標」　南山蘆園赫在望
主人費心妙安排　山中情趣伴書香
西點稀飯共留齒　同享歡暢喜相逢

送給讀書會的好友
並感謝主人陳副董及夫人
陳會長清祥領隊
陳春塗副領隊

宇宙讀書會、不動產讀書會

親愛的會友：您好！

前些日子【賀樂禮、賀伯】來襲，至今遲遲無法一睹「虎山」之眞面目，這讓我們又期待、又怕受傷害的『虎山-南山蘆園』之旅，將要誕生在8/25(星期日)，這興奮的一刻即將來臨，同學們千萬別錯過。

七　月份讀書會	八　月份讀書會
時　間：85年8月25日　星期日　上午	時　間：85年8月28日　星期三
地　點：松山區　「虎山-南山蘆園」	地　點：劉媽媽抄手　PM6:00~9:30
用　書：活在當下	地　址：忠孝東路4段170巷17弄3號1F（龍普飯店後第三條巷子內）
當天流程表	電　話：750-5739
8：30~集合(慈惠堂正殿前廣場)	用　書：超級成功學
9：00~準時出發	主持人：廖夫人、廖學興
10：10~抵達目的地「南山蘆園」園主陳副董請大家稍作休息	很多人想成功、想突破事業瓶頸，想增加收入，想增加自信心，但卻未達其效果，原因是沒找到~核心目標~。
10：30~讀書心得分享《活在當下》	**超級成功學**這本書，提供您167個快速成功的方法，讓我們共同來激發彼此的潛能，尋求正確的策略方針，達到理想中之人生目標。
12：00~午餐 改由本會準備營養午餐與精美小點	
13：00~餐後收拾行李下山	
13：30~慈惠堂前合照後散會	

登山注意事項

1、穿著休閒服及運動鞋。
2、休閒背包一只，口糧一小包即可。
3、開水一壺約500~1000cc。
4、易吸汗上衣一件、小毛巾一條、帽子一頂。
5、醫務用品與水果本會皆已備妥。

虎山慈惠堂在福德街251巷底
福德國小站下車：
70、257、286、信義幹線(大有)
奉天宮站下：
207(副)263、69、54

登山顧問：陳副董事長文龍
登山領隊：會長 陳清祥
副領隊　：陳春塗

主持人：鄭秀聘
黃博政
全體敬邀 85.8.14

P.S 尚未繳付85年度會費之同學，請將款項交予洪翠櫻 財務長，以利其作業。謝謝！

登山樂

陳文龍

登山，樂
結隊登山同樂
一人獨行，也樂
四十五歲爬山，不嫌晚
只要愛山
山，一律同等待之
七十歲，仍然愛，直到永遠……
三代同登　樂
老少咸宜　樂
登山，樂

樂的是：
年紀愈長
衣衫，卻愈穿愈薄
寒冬打赤膊
山的恩賜
如此渾厚與感受

登山，樂
爬山　必須往上
你不得不喘
所以你不得不大口大口吸氧
所以你又不得不大口大口吐氮
一吸一吐地猛呼

你的健康就這樣不知不覺的到來
那是盆地沒有的享受
清風拂人　紅花點綴
如是的心曠神怡！啊！已到了人生境界之最樂
人在山邊爲之「仙」
這是多麼的名符其實

登山，樂
登山
不分男女老幼
不懼山高山低，路長路遠
陡坡彎坡和崎嶇坷坎
不顧晴時多雲偶陣雨，甚至颱風直撲，

不問拂曉、清晨、黃昏、傍晚、日正當中，
每逢假，蜿蜒小路，摩肩擦踵。

登山
在交通紊亂的今天
遠離繁囂市區
躲開污染
絕沒有車禍的危險
又不要花錢
真是價廉物美的休閒
值得大家來把握

登山，樂

山間可見到與世無爭的朋友
有時彼此互道
一聲早
一聲好
點個頭
甚至一個微笑
都是那麼的真誠可愛和灑脫

登山，樂
一星期，至少一次
否則渾身不自在
缺了什麼似的！
爬山，登山，愛上山

在苦樂中不斷印證
其樂，
誠非親身經歷者能悟透！

登山，樂
智者樂山
仁者樂水
人說：學琴的孩子不學壞
我說：登山的人兒一定乖
再說：
登山者
做事一定踏實
因爲不踏實

就登不上山
待人一定誠懇
因爲登山者
臉對你笑，心也在笑
做事踏實
絕不失敗
待人誠懇
一定成功

登山，樂
以山會友樂
市上商場約會忙
舞廳、酒家、咖啡座

摸來摸去黑摸摸
我方會友不涉他
山頂見面笑哈呵！

登山，樂
常登山
有病驅病
無病養生
登山可以永保青春
歡樂無比
信不信，一登就行
如是的登山之樂
人間生活，又夫復何求！

樂山，你必先愛山！
除了你的足跡，別的什麼都不要留下！
除了你的回憶，別的什麼都不要帶走！

一個人讀得太快或太慢，往往都無法理解內容。

——巴斯卡

冬季下午五點爬山的滋味

曾文龍

總覺的，爬山應在早晨
多年的爬山都在早晨
那舒暢鮮活的山之旅

十二月十五日下午五點
天色都要轉黑了
冬季的黑總來得急
一種突然的湧動
爬山去吧！
金龍寺　碧山巖　忠勇山

天轉黑　不能赤腳了
天轉黑　腳步更不能緩
布鞋　勁裝　急走
半路時　路燈都亮了
幸好有路燈　不然要摸黑
趕在未全黑前
一口氣到了碧山巖大廟！
先到前院俯瞰台北　補捉最後的天光
台北燈火已輝煌　夜景如此美
且快上香
諸神皆在　眾神朗朗
叩頭　誠禱　充電
下山時　天已全黑

原來　黃昏也適宜爬山
天趨黑也適宜登山
那迥異的況味
那獨特的啟悟

山的子民　總要回山
不論天亮　天黑
管他刮風　下雨

八五，十二，十五

TO:曾文龍 總經理　　　X:7813202

好消息

我們邀請 您來參加一個心靈的愛筵!

我們準備了:

第　流的"**蕭東山**"薩克斯風聖樂演奏

以及

國家級 聲樂家

"容 耀 先生"的名曲演唱!

歡迎您於:

9/13 (拜六) 下午六時

蒞臨:

台北市 忠孝東路四段 500 號地下室

佳音教會　用餐

(忠孝東路/逸仙路口 國父紀念館邊上 簡圖於下)

TEL: 02- 7582515

願　神賜福您!!

王 妃 緗　敬邀

(如開車, 請停於市議會停車場 或逸仙路巷內)

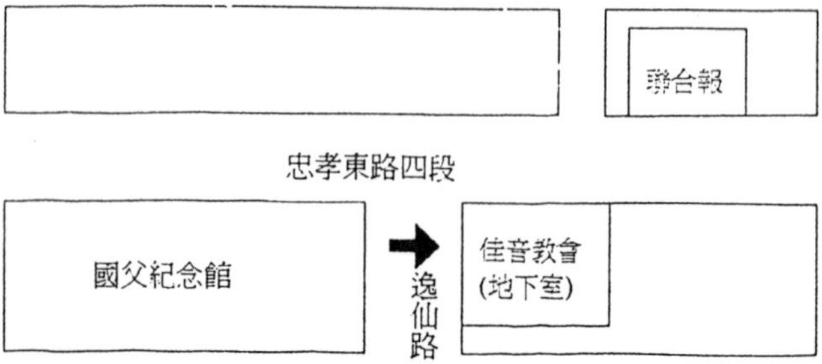

來自網路的朋友

敬啓者；

我叫林欽瑞，台灣省台北縣人，大學畢業，現在服務於專利商標事務所，從事和機械專利有關的工作。

我的興趣廣泛，喜歡閱讀、聽音樂、郊遊。

最近在網路上看到貴讀書會有關的資料，覺得很有興趣。是否可請將貴讀書會聚會的內容、時間、地點、入會條件通知我，以便前往參加。

我的電話是:(O)7002178~215, (H)9784851, FAX:9772768.

敬祝安康

林欽瑞　敬上， 86,6,27

誠摯的祝福

衷心的邀請

朋友不在於平常的熱絡，接觸的多寡，差別在於有些人讓你不羞於展現生命的困窘，又能體諒有心無力的不得已。可以隨心自在的恬淡，又能常感溫馨的久遠。受我們祝福與懷念的朋友，原諒我們或曾無心的疏失，接受我們誠摯且衷心的祝福與邀請。

下午 3:00 - 10:00

時　間：84年6月18日　星期日　晚餐 6:30 - 8:00

地　點：中壢市大享街580號（大享別莊）

※新屋中壢交流道下往中壢觀音方向，過中央大學正門第一個黃燈注意左轉

邀請人：蔣毓霖．蔡素瑛

電　話：(03) 4263998　傳　真：~~同左~~ 03-4222211

BB call 06049756l

方　式：採自助餐、可游泳或打球

回條

□ 可參加，並帶眷屬＿位

☑ 抱歉，因有事未能參加　[illegible]

非常感謝

FROM:

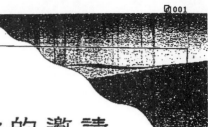

══ 宇宙不動產讀書會五月份研討會通知函 ══

一、時　　間：83年5月25日（星期三）PM: 6:30～10:00
二、地　　點：南京東路四段、儂特利三樓會議室
三、研討書名：上班族請用周末決勝負
四、主 持 人：陳春塗　王慧玲（TEL:553-3819）

會長：高 順 鎰

══ 研 討 會 流 程 表 ══

【讓我們一起來嚮應準時開會的快樂】

【時　　間】

PM06:30～07:15	用餐及聯誼時間，『自己服務自己』一樓訂餐、簽名、統一付帳。
07:15～07:45	同學自我介紹：陳 貞 彥 先 生（15分鐘） 張 芳 寧 小 姐（15分鐘）
07:45～08:00	研討會開始，主持人導讀。
08:00～09:30	讀書心得分享，自由發言8分鐘。
09:30～10:30	同學交流時間，專業分享。
10:30	散會，珍重再見！

休息　充電　再出發

——不景氣下的房地產讀書策略

曾文龍

不可否認的，讀書——確實是最經濟實惠的充電方式；因之，在房地產景氣一片慘淡之際，業界人士何妨好整以暇進修充電一番！

當前的房地產市場，對建築業者而言，最好的動作乃是不推工地，勝算實在太微小了。已推工地的，顧客稀少，廣告起不了作用，大家正「閒得發慌」。

在這樣不忙比忙好，空閒的時間頓然空出來的時候，則該如何充電，培蓄戰力、甚至能反敗為勝，穩健稱雄呢？古人云「讀萬卷書，行萬里路」，在觀光旅遊風起雲湧的年代，行萬里路確實能讓人達到遊憩與充電的雙重效果，正是不景氣時的大好行為。而且，近年來台灣的房地產事業已然擴展到美、加、紐、澳、斐、東南亞及大陸地區，亦可順便考察研究一番。

「讀萬卷書」則更是廉價與實惠，此刻，正可利用大好時光，好好猛啃吸收一番。

書是最忠誠的朋友

一本書，以兩百元居多，每一本書都成爲您最忠誠的朋友，只要你願意親近發掘，都將源源不斷的提供您靈感、睿智、啟示、參酌與恆久的溫馨！（劣書除外）

當十年前的書還乖乖的躺在身邊時，你十年前的朋友還有幾個常來往呢？

在民國七十五年十月創立的「不動產讀書研究會」，每月與愛書的朋友一起研讀一本書，歲月悠悠，四年忽過，如今書架上竟也多了四十八本書了。若沒有這個團體，大家可能就少讀與少研究了大部份的這些書，可見歲月之無情與團體之力量！

如最近（六月）所研讀的書爲「經典管理」（The Classic Touch）（天下出版公司，民國七十八年十一月出版），在這樣房地產不景氣的發慌歲月，有許多讓人反省、檢討、鞭策、以及學習的地方。例如：

「領導的藝術就是做人的藝術」（序）

「贏球不代表一切，但你卻非贏不可」（Winning isn't everything, it's the only thing）（第16頁）

「主管的決策藝術包括：目前不迫切的問題不作決策，時間未到不作決策，不作無效的決策，不作該由別人作的決策。」（第40頁）

「在一味附和聲中，主管所下的決策不會收到最好的效果；唯有在對立的觀點衝擊下，才可能作出最好的決策。」（第47頁）

「唯有賦予別人反對的自由，才能證明我們判斷的正確性。」（第129頁）

是的，在房地產的經營行銷，個案推出的銷售率高，並不代表一切，然而，有時還真非贏不可，持續衰退的不景氣，已使得部份的業者傳出捉襟見肘了。

賺錢而能留下風評，是做人的藝術，虧錢而能留下風評，更是做人的藝術。做事，最難。做人，最最難了。不管什麼方式的領導統御，亦不過是如何做人罷了！

培養找黃金的實力

房地產的套牢，常是決策的失敗，然而，「最好的決策往往是暫不決定」。「最好的決策往往是最晚出現，甚至可能慢得讓人氣結。」

而如何培養開闊的心胸，真誠的「賦予別人反對的自由」以證明我們判斷的正確性！這不是最難嗎？心胸狹隘，視野狹窄的批評充斥了整個社會，事實上，社會一切的大小紛爭，乃導源於大家心胸的不夠開闊，容不得人也！因此，一個人成就的大小乃決定於心胸的大小。且讓我們一起努力，學天之大，學地之忍辱吧！

古人說：「書中自有黃金屋。」我想，對於所有房地產的參與者，書中而能找到黃金，找到財富，應是最有興趣的話題之一了。

然則，不努力讀書，不進一步深入研究，則亦無法培育找黃金的實力，坐而言，不如起而行，讓我們一齊隨時出動。

1.隨時買書。看到喜歡就買，而非讀完一本書，再買一本。買書就是買資料，並非買了馬上要看，等到要急用，這些資料就是無價寶了，匆匆忙忙再往書店找，不但浪費時間，可能還找不到呢！

2.立下讀書計畫。就算一天只能讀一頁，就有一頁的效果。

3.公司應有定期的員工教育訓練。讓員工緊切的跟著潮流，隨時成長。

4.公司員工間亦可籌組讀書會。隨興或有計劃的研討書本或資料。

5.寫下讀書心得。

6.用書來美容，可減少不少應酬費用與化粧費用。

7.送員工到外面的教育訓練班上課。

8.鼓勵員工或送員工去聽學者專家的演講，作筆記。

9.安排員工上台發表讀書心得或工作心得。

10.公司内部多訂相關雜誌與購書，供員工參閱。

在房地產持續不景氣下，多讀書乃是最廉價的充電，若能互助共勉，多多組織讀書研究會，透過團體的力量來約束大家不要偷懶，透過互助研討交流的機會，來培養開闊的視野與心胸，則必能在不景氣時穩紮穩打，下一波景氣來臨時一飛沖天了！

79.8.房屋市場月刊

創始人
會長

恭請光臨本月份讀書會

六月主持人

薛帆吟
譚有為

EMOTIOM

就這樣約定

從此以後，我可以說，我心中有你，你心中有我……

各位親愛的會友，本讀書會六月份約會如下：

一、時　　間：83年6月29日（週三）晚6:30。
二、地　　點：SOGO百貨八樓芳咖啡VIP室。（TEL：7316491）
三、書　　名：與成功有約。
四、主 持 人：薛帆吟　譚有為（TEL：7738201　FAX：7789112）
五、自我介紹：蔡秀美　（15分鐘）
　　　　　　　劉天然　（15分鐘）
六、讀書心得分享：各會友（5~10分鐘）
七、專業報告：電影欣賞18招（吳文良會友）

敬請各位親愛的會友熱烈參加！

會　　長　高順鐘
六月份主席　薛帆吟
　　　　　　譚有為
　　　　　　敬上

YOU LIGHT UP MY LIFE

月黑風高遊青島
的士車中遇妙俠
方頭大耳演快書
請君為我傾耳聽

快書緣

一面開車一面唱
腔正字圓氣磅礡
情節動人抑揚頓
快書聲中享世界

聽得喜來快心胸
小費多給再一曲
歡躍聲中手擊頂
再來一段快書緣

高派傳人第三代
全國比賽稱亞軍
今日巧遇台灣客
請君一齊來同樂

人生何處不相逢
巧遇青島奇妙
海峽兩岸齊痛快
且記一段快書緣

劍鋒 1992.6 台灣補記
龍傳人 1994.4.12 恭錄

中国曲艺家协会会员
中华山东快书研究会会员
中国曲协山东分会会员
青岛曲艺家协会理事
高派山东快书第三代传人

仵延國

工作单位：青岛旅游汽车公司二队（延安一路体训基地内）
单位电话：337323 338927　邮编：266023
住宅电话：231091 371916　寻呼号：[redacted]126—2628

隨緣品茗詠奇緣
高派妙俠躍紙出
快書動畫歷如月
劍衡大師筆傳神

風馳電掣抑揚頓
陶然共樂滿車彩
萬里知音意難忘
遠致飛鴻表寸心

龍傳人 1994.4.12午夜
台北隨緣居

按：龍傳人即張芳寧會友

THE SHANGHAI COMMERCIAL & SAVINGS BANK, LTD.

宇宙讀書會「策略行銷」讀書心得報告

呂鏞卿(85/09/25)

壹、一般環境分析

- 經濟面
- 政治面（政策面）
- 社會文化面
- 科技面
- 人口面

貳、產業環境分析

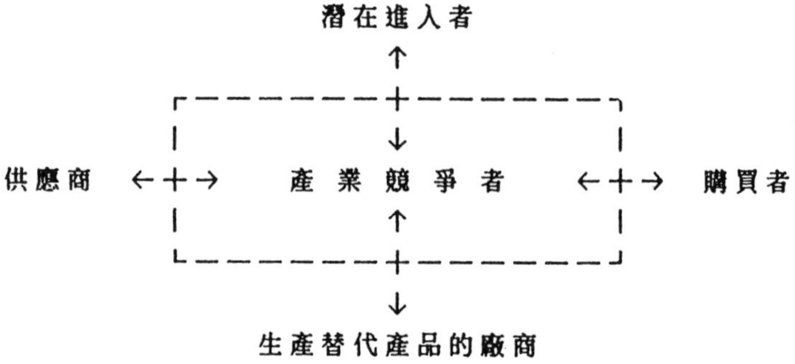

參、自我分析（SWOT分析）

- STRENGTH　　：自我優勢分析
- WEAKNESS　　：自我劣勢分析
- OPPORTUNITY：環境機會分析
- THREATS　　 ：環境威脅分析

肆、策略擬訂

- 企業競爭策略
- 企業成長策略
- 產品策略
- 價格策略
- 通路策略
- 推廣策略

逛九歌

曾文龍

逛九歌文學書屋
你可以很文學的，買書
也可以很文學的，喝杯飲料
輕鬆舒適的翻閱——
「台灣社會檔案」
「幽自己一默」
「玫瑰海岸」
「昨天的雲」
「我兒子的故事」
「最後的一隻紅頭烏鴉」

「晚香玉的淨土」
「我們只有一個地球」
……
以及任何你想看的書
而這些，不一定要付費
除非你到櫃檯結帳
因爲，你已
先買了一杯飲料
當然，你也可以
避免坐在椅子翻閱
免得要繳飲料錢
站著看，蹲著看
只要不掏錢

永遠免錢！

長安東路九歌文學書屋

83.6.21.

學問是光明，愚昧是黑暗。念書吧！

——契坷夫

陳文龍會友嘉言

成功
須要很多原因
失敗
只要一點點

貧賤不能移
較易
威武不能屈
稍難
富貴不能淫

最難

曾文龍整理
84.7.1.

閱讀遇到阻礙，我並不會灰心。
我會再接再厲，再不行便置之不理。

——蒙田

充電，無所不在

曾文龍

繁忙的現代人
枯燥的現代人
充電　何如重要
那日日消耗的電池
不充電　就要敗壞了

到那裡充電呢？
出國乎？
進修乎？
跟大師乎？

沒有這些機會如何乎？
圖書館閱覽室走一遭
各類中外雜誌平躺
多少的心血匯聚
隨意流覽
隨緣所需
腦力激盪
潛移默化
也是充電了
不花一文錢呢！

UNIVERSITY OF HAWAII &
FAR EASTERN INSTITUTES OF ADVANCED STUDIES
美國州立夏威夷大學暨美國遠東高級研究學院 台灣辦事處
5F, NO. 386, SEC. 5, CHUNG HSIAO E. RD., TAIPEI, TAIWAN, R.O.C.
台北市忠孝東路5段386號5樓 TEL:(02)729-6669 FAX:(02)723-8689

親愛的讀書會朋友:您好

您會覺得讀書眞好，有空的話，聽聽演講也很好。俗話說”努力的人、成就最大”。

現在報告一個好消息，就是美國東西大學企管碩士班，正舉辦公開演講會。

時間10/28、10/29於福華飯店4樓舉行。內容豐富、創意、實用、保證精彩。

專題演講教授是國內最具知名度的管理大師，讓我們一起來分享成長。

歡迎電話預約報名，每日課程共七小時，讀書會會員免費，非讀書會會員酌收3,000 元，含書籍、餐費及茶點。

日期	授課教授	課程	時間
84.10.28(六)	曾仕强 教授	21世紀的易經管理法	14:00 - 22:00
84.10.28(日)	劉燦樑 教授	中國管理決策研究	08:00 - 17:00

祝

心安事成、發達

宇宙讀書會　不動產讀書會
獅子會讀書會　中台醫專讀書會

弟　陳清祥　敬邀
84.10.3

財團法人 首創文教基金會

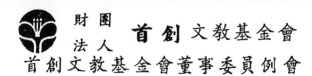

首創文教基金會董事委員例會

暨敬邀 呂縣長秀蓮女士蒞會演講

講題：建構二十一世紀東方新明珠

日期：八十六年九月十九日

時間：下午六時三十分整

地點：台北希爾頓大飯店三樓王朝餐廳

流程：

6：30	迎賓聯誼
7：00	來賓用餐
7：30	貴賓 呂縣長秀蓮專題演講
8：10	主席致辭
8：20	貴賓致辭
8：30	火金姑之歌
9：00	八、九月慶生會
9：30	散會

出席回條

1、□ 我願意參加此次例會

2、☑ 有事不克前往：________

請在九月十七日中午以前傳回968－3545 吳秘書

讓我們溝通「溝通」吧！

長誼讀書會

一場合縱連橫的語言交鋒將被解構！
預期解構後將進行重組——
而在重組之下也許你會突破瓶頸、破繭而出！
一個「新的讀書會」也將出現在原班人馬之中！

《特別企畫》

一、有計畫的溝通

請各位於會前自行策劃一段五分鐘的「語言或非語言溝通」（可以是個人談話性的；可以是搭配肢體動作或表情的；可以是多向對話性..........）。並各自預期該段時間欲達到之溝通效果（包括欲引起之反應、試圖使溝通對象達到如何之瞭解等），保密地寫成書面，到會時（或會前）逕交聯絡人。

二、即席的溝通

會議主席將於現場抽出設計好的題目（或狀況），讓你體會（或重溫）一下小學時上說話課的感覺。

三、溝通後的檢討

溝通後，將針對你所發動的「溝通」進行溝通。

《建議》

逛書店時，建議你可以翻翻（但不必買）下列類型的書：

「談判專家」、「有聲有色做溝通」、「談話的藝術」、「溝通的技巧」.....

看看他們給了你什麼幫助！

溝通時間：九月14日（星期六）PM 6:00時至 PM 10:00時
溝通地點：台北縣永和市民有街七十五巷十弄三十一號五樓（華合、麗霞家）
聯繫電話：9455997
聯絡人：鍾麗霞的先生...

新春歡宴邀請函

不動產讀書會、宇宙讀書會

親愛的會友們：新春快樂、健康如意 ！

讀書會新春歡宴謹定於中華民國八十五年元月廿五日(星期四）下午六時卅分於「祥福餐廳」舉行。

※敬請撥冗參加，互動關懷※

84年度

會　長：張芳寧

財務長：洪翠櫻 敬邀

地址：南京東路四段50號2樓（儂特利對面）TEL：5798021-5

並有以下節目：

(一)交換禮物 -每位會友準備乙份新台幣伍佰元以上(高額不限)
慧心禮物

(二)推選85年度會長

本讀書會自曾文龍先生創始迄今業已逾十年寒暑，每月定期
會，眾會友熱情參與，交換讀書、工作心得，彼此鼓勵，彌足珍
。

回顧八十四年度，個人承蒙眾會友支持，忝居「會長」要職
只能說有所學習，未能有所貢獻。

展望新的年度，新的英才會長來帶領，「永續書香，心靈成
」是我們共同的心願。

回　　　　條

會員姓名：

請會友傳眞回條 FAX：71931
TEL：71912

☐ 參加　　☐不參加

陸

最近 20 年的部分心得與火花(一)

書香傳播　遍地開花

登山王——高銘和也來了

陳和睦

高銘和——臺灣從尼泊爾登上聖母峰的第一人。

世紀山難讓他失去健康的肢體與基本的生活技能，但卻沒有奪走他面對生命這座高山的勇氣。他也來到宇宙讀書會，分享他極為特別的人生經驗，鼓舞了每一個人！此次盛會由師範大學陳和睦教授主持，在師大體育大樓演講廳，參加人數眾多，其勇敢精神受大家敬佩與喝采！

一座山的勇氣：高銘和先生演講會

高銘和 Makalu Gau
一座山的勇氣
他曾經如英雄般成功登上世界之巔聖母峰，
世紀山難的代價，
竟是失去健康的肢體與最基本的生活技能。
但山教導他的從來不是「征服」，
是以比山更高的勇氣，突破自我的侷限，
戰勝了這座艱難的人生險峰！

宇宙讀書會31年期許

林詠心

今天身負重任接任邁入第31年度的「宇宙讀書會」會長，宇宙讀書會在75年到現在是最長壽的讀書會，今年度在曾文龍創會長的期許與所有的讀書會會友的同心協力下，希望在今年度再出一本集合所有會友的讀書心得，再版『宇宙讀書會32年操作實務』，20年前這本書沒有我，期許這本書裡有我、有您的讀書心情、相片、與回憶。

歡迎加入的新會友陳秀真與張嘉恩兩位姐姐。

宇宙讀書會是以多元化的讀書方式，當月主席可以決定看甚麼書、請作者或導讀，還有每個人可以分享同一本書的心得，即使只看了一小段內容，也可以互相討論與學習，也可以看電影、音樂會、健康或文化講座，是個快樂無壓力的讀書會，歡迎朋友一起來快樂的一起分享讀書的樂趣。

您也是一本書，期待您也可以來分享。

106年1月8日

不患人不知，惟患學不至。

——宋・范質

宇宙讀書會三年行之心得

林祝明

回想三年半前應穎華（104及105年之會長）之邀，來到彩虹園大廈參加一場讀書會，記得當時的導讀是高順鎰會員，研討的書是『蒲公英的微笑』，兩小時下來導讀的活潑帶領，學員的熱烈互動，創會會長的博學幽默，讓我印象深刻，隔年即加入讀書會成為會員。

進入當年歷時將近三十年的臺灣第一個讀書會，讓我大開眼界，創會的曾文龍教授（會員們對他敬愛的暱稱為「國父」）及歷任會長前輩們，個個都是其專業領域的翹楚，臥虎藏龍，上至天文、下至地理，各行各業。所謂「三人行必有我師」，就是宇宙讀書會的寫照。

入會第二年，謝謝寶幸（前輩財務長）的抬愛及穎華的信任，讓我擔任財務長的工作，這使我有更多的機會瞭解讀書會的運作，更深刻體會一個讀書會之所以能維持三十多年而歷久不衰的精神所在，除了創會會長「國父」念茲在茲的領導外，歷任會長及前輩們愛護這個讀書會所投入的熱忱及心力，例會主席用心的安排，會員們踴躍的參與，加上樂樂會顏永雄將軍的相輔相成，如虎添翼，使讀書會更趨多元而生動。

謝謝詠心（106及107年）會長邀我繼續擔任財務長，我雖不才，但能略盡棉薄，亦與有榮焉。每年度開始很高興都有新血輪注入，來自各業的精英，使讀書會更蓬勃有朝氣，相信宇宙讀書會能將永續長存無數個三十年。

107年3月5日

書中自有黃金屋。

——宋・趙恒

紀念妃緗姐姐
——宇宙讀書會32歲生日

湯　英

一個團體32歲生日，我們慶祝的方式會是什麼？

今天在這個大家庭，成員來來去去但彼此沒有忘記這群兄弟姐妹們。曾會長要出書當做紀念32年的點滴，身為大家庭的一份子，理當寫下我對它滿滿的愛如同它對我滿滿的愛一般。

32年時間很長，愛很多。

在讀書會裡，妃緗姐三個字是專有名詞也是愛的代表，她熱情、博愛、善良、美麗、尊貴……，任何的文字都無法形容她的真、善、美。

記得103年4月某天，寶幸姐打電話來說妃緗姐走了，電話這頭放聲大哭；當我跟志皇報信時更是哭到失控，人就這麼走了？老天還我妃緗姐……

今天要寫點對姐姐的想念並不容易，因為淚滴滴答答的不聽使喚。如果這麼容易把思念化成文字，那思念就不是思念了……

親愛的妃緗姐姐，妳一直在天上看著我們嗎？

親愛的妃緗姐姐，妳的家人一切都好妳是否也看到了？

親愛的妃緗姐姐，妳在很好、妳不在也很好，因為妳無病無痛像天使般的守護著妳的最愛。

101年4月16日這天妳寄給讀書會的卡片我將轉貼在這篇文章上，當做妳送給讀書會的生日祝福。32年的紀念妳沒有缺席，我們都很想念妳……

107年3月17日

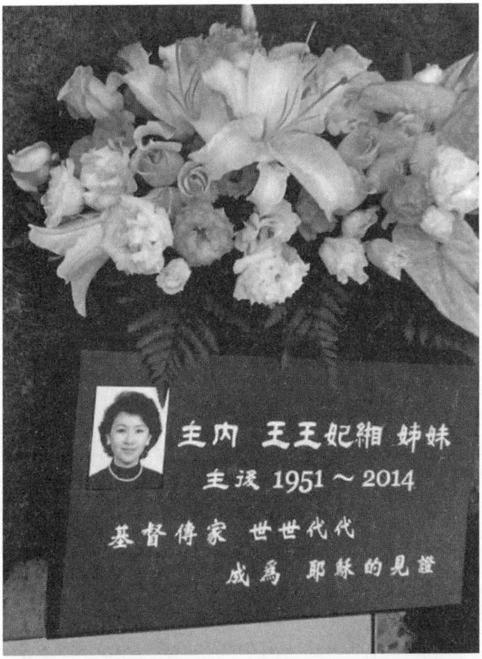
主內 王王妃緗 姊妹
主後 1951 ~ 2014
基督傳家 世世代代
成爲 耶穌的見證

A.S.A.P.
means
"Always Say A Prayer"
Please do not break. Just 32 words,
"God, our Father, If it is your will, walk through my house and take away all my worries and illnesses and please watch over and heal my family in Jesus name, Amen."
This prayer is so powerful. Pass this to 12 people including me. Do not break or ask questions. Does God come first in your life? If so, stop what you are doing & send it to 12 people now. Watch what He does!

養生讀書會——蔬食、有機農場

陳鎮華

開春我們讀書會在狗來富、狗年旺旺聲中舉辦今年第一次聚會，因大家在年慶中油水滿腹，別開生面的午餐吃美味又養身的蔬食大餐，恰當其時可以清腸胃，極合我們中國人的養身之道，讚！

眾會員踴躍參加，並有演講協會的貴賓數位共享盛舉，在創會長指導鼓勵、本屆會長熱心主持，以及本次聚會餐活動主席林學賢努力促成下，餐畢即往南海路農場示範基地，參觀有機農作物的栽培方法，並親手學習精油的製作過程，如此另類學習，使眾參與者收穫滿滿，笑逐顏開，體會世間的任何事物均要親身體驗才知其中之甘苦，值得！

活動中並享用數種當令水果，新鮮又營養。會後每人受贈精油一小瓶，有機蔬菜一包，參與者均笑逐顏開，期待下次的盛會！

107年3月3日

國立中山大學劉維琪校長來信

87年1月6日來信——讚嘆宇宙讀書會著作及會友！

劉維琪

國立中山大學

文龍先生道席：拜讀

大著「讀書會創造生命」，感佩聚合讀友廣博知識，為社會文化事業之奉獻。

特函申謝，順祝

年釐

劉維琪 啓

八十七年一月六日

讀書會暨樂樂會活動

林學賢

大家早，拜個晚年，新年快樂！

感謝昨天出席二月份的春酒例會，這是穎華會長的開春第一次，我們絕對挺到底，也感謝同學們的熱情支持，也邀請了很多新朋友參與。此次活動場地在花博爭艷館外看台有機綠廊示範區，為了服務讀書會會員，我們用封館方式不對外開放，否則在假日開放都吸引到上千人來參觀，將會影響活動品質，所以早上大家就在悠閑的環境聊天敘舊，並聆聽著建興老師專業的園區內導覽解說。

而中午的有機風味餐，則由大溪的大灶料理達人——野菜生活有機農場陳威錫老師親自來現場料理。除了農場有機蔬菜外，還準備了新鮮芽菜沙拉、牧草油雞切盤，木耳清炒鳳梨、古早味菜埔蛋、珍菇芋頭米粉湯，還有來自大溪的活魚沙鍋，大灶焢肉等美食，飲料則有洛神花茶及櫻花酒，飯後除了燕巢芭樂及溫室聖女蕃茄當水果外，還特別準備天母有名的芝枚輕乳酪蛋糕當甜點，真是太豐盛啦！

還沒完喔！下午還有精彩演講，而在演講前還安排了小小DIY，讓大家親手種下東京水菜小盆栽。隨後再安排大家到一樓展示中心推廣教室，聆聽著陳威錫老師說明有機農業推廣的心路歷程，透過精采的簡報，看到全球都在推動城市農園的趨勢。除此之外，我們也安排了氣電功達人謝美珠老師分享氣電功神奇的療效，而久未謀面的劉建平同學因為中風已在家休養一年多，是穎華會長特別邀請他一定要來，或許是緣份，他也體驗了氣電功的功效，當然也有五，六位同學也體驗一下，被電得很舒服喔！而歡樂的時光過得很快，在同學相約下次再相聚後，結束此次愉快的同學會。而花博展區燈會正好開始了，大家剛好可以欣賞燈會後再回家，真是一次很棒的聚會喔！

此次活動成果很豐碩！共來了十二位新朋友，也邀請了七位加入成為會員！

104年2月27日

宇宙讀書會 104 年度活動預排表

2/27 春酒蔡穎華/林學賢

3/28 主席顏永雄/林學賢旅行

4/7 主席林學賢

5/23 主席高順鎰/林英芳

6 月主席顏永雄/謝明秀旅行

7 月主席陳和睦/林祝明

8 月主席林寶幸/蔡馥蔓

9 月主席顏永雄/謝志皇旅行

10 月主席張芳寧/范祚智/蔡素瑛

11 月主席陳貞彥/林寶鳳

12 月主席顏永雄/鄭國春旅行

105 年 1 月年終尾牙蔡穎華

巧遇讀書會彭曼莉老會友

106年9月21日

剛剛在路上碰到一位有些面熟、笑容可掬、非常和善的大姐，說她是讀書會的會友、樂樂會的會友，並稱我為國父。

讀書會、樂樂會的會友不管多久沒看到，路上巧遇都非常的愉快！

偉哉32年的讀書會，我們以參加「宇宙讀書會」為榮！

106年9月22日

我就是昨天在路上巧遇國父的大姐彭曼莉，是妃緗帶我進來（妃緗為開屏建設前總經理）。

謝謝讀書會拓展我的視野，也謝謝樂樂會，讓我享受大自然及同伴偕遊之美！

106年9月22日

令人懷念的王妃緗前會長，想到妃緗的熱情四射，有一次她當主席人數之多 來了100多人！需租借文大國際會議廳，太神奇了！

那一次亞太影后陸小芬也來了，陸小芬在民國93年到我這裡研習不動產，是生活樸實的理財專家！

曾文龍 整理

讀書會分享——肺癌的預防與治療

彭曼莉

陳晉興教授是臺大胸腔外科肺癌名醫，我節錄他兩本大作的重點給大家做參考：

1、如何早期發現肺癌

目前最合適作為早期肺癌篩檢的檢查是低劑量電腦斷層，費用約為五、六千元。

2、什麼樣的人要來做胸部電腦斷層的篩檢？

有肺癌家族病史、長年抽菸、年齡超過40歲以上，都應該前來做一次篩檢。但是臨床醫學發現，大部分的肺癌並非全在那些高危險因子族群身上，完全沒有危險因子而來做肺癌篩檢，檢驗出罹患肺癌的機率約為1％。

3、治療的方法

切除小於三公分的結節，可以用胸腔鏡微創手術，傷口只有兩到三公分，三到四天就可出院。

4、肺癌的預防

(1)、空氣污染 PM 2.5。

(2)、機車族。

(3)、常等公車及馬路行走的行人。

(4)、慢跑族或單車族。

以上四族請帶口罩吧，可以戴一般市售的棉布口罩，可以隔絕掉三分之一的懸浮微粒。此外，也建議選擇車流量較少的路線或時段，降低空汙的暴露，最好的方法是改搭公車或捷運。

(5)、抽煙族及吸二手煙的人

及時戒菸永不嫌晚，對於沒有抽菸習慣的人，儘量避免吸到二手煙。在家中或辦公室使用空氣清淨機也有一些幫助。

(6)、廚房工作的人

廚房油煙可能也是引起肺癌的危險因子。研究指出，長期每天煮三餐的女性罹患肺癌的機率增加78％，像是家庭主婦或是在餐廳工作的人，都是高危險群。

解決之道，燒菜時使用高效能排油煙機可降低四成三罹癌風險。民眾在燒菜時也應戴上口罩，避免油煙的吸入，並可考慮使用空氣清淨機。

祝各位身體健康！

後記：會長詠心：聽了曼莉姐的分享，特邀寫其心得，感謝曼莉姐分享。

對於「腫瘤」，不管選擇內科或外科療法都是「選擇」，都要自己要負責健康。

106年4月22日 讀書會

每月主席注意事項

一 選書及發書

1 確定當月書藉：請於前一月五日前確定所選用之書籍

2 訂購當月書藉：

(1)請於前一月五日前至郵局利用劃撥訂購

(2)請使用大日出版社名義訂購可享七折優待

(3)劃撥單請註明——發票統一編號 89605798

(4)書藉寄送地址——可寄送任何指定地點 地址：台北市忠孝東路4段60號10F

3 書藉發放方式：

(1)於前一月讀書會召開時攜帶至會場發放

(2)可向祕書領專用製作之標籤，將書藉用印刷品寄給未參加此次聚會之會友．

4 款項申請：彙集代墊費用向財務長支取．

二 確定場地

1 聚會費用：每月以不超過 7,000 元爲原則．

2 請於當月 10 日前確定地點，並通知湯英製作邀請函．

3 由祕書王琦樺於每月 15 日前將邀請函傳真給會友．

三 聯絡會友

1 請於讀書會召開前一週以電話逐一聯絡會友，並確定參加人數．

2 通知會長當月參加之人數．

Happy 2001 不動產·宇宙讀書會 開年迎春

春酒大戲 1/30 開鑼！

自 1986 年曾文龍先生創辦不動產讀書會以來，今年即將邁入第 15 年。
歷經多位會長的耕耘與會友們的支持，這個會還是有驚無險的存在著，真不容易啊！
面對國內資歷最久的讀書會，相信每位接任的會長及幹部們，都應是戰戰兢兢的、希望能傳承香火、不負所託！

Magic2000 結束，果真寫出了陳水扁的 Magic，卻也讓 2000 年收尾的沒有一點格調。讀書會仍然照常舉行，但是少了好多老面孔呀！
Magic2000 結束，在此全體會友深深一鞠躬，衷心的感謝會長陳和睦、財務慧玲、秘書林淑芬、文宣羅淑芬的義務付出。

緊接著 2001 年登場，這次奢求的是 Happy。棒子交到了家昌和秀美的手上！
過完各自的春節，別望了 1/30，會長設宴敬邀您我春酒言歡。
就算拜個晚年，您都應該要露臉才是嘛。

【邊吃 邊喝 邊說 邊聽】

18:00 入席請上座
18:30 出絕活 動碗筷
新任會長及副會長致辭
服務幹部介紹
新會友介紹
今年度會務作業規範說明
20:15 酒足飯飽囉
20:30 錢櫃 KTV 開嗓(參加者需自費 500 元)

時間：90 年 1 月 30 日晚（星期二）
設宴：會長**游家昌**·副會長**蔡秀美**
宴址：**【仁和齋】**台北市民生東路一段 30 號 2F **電話**：02-25683585
(近中山北路 / 淡水捷運雙連站 ·停車不便 最好不開)

·今年度每月主席輪值表名單已出爐 現場公佈
·2001 版會員通訊錄及組織表已更新 現場索取

Happy 2001 不動產・宇宙讀書會 12 月活動

2001，下台一鞠躬！

2002，再見！

寒流來了，一年過去了。
耶誕過了，2002 年來了。
好快啊，今年過得特別快！
讀書會年終歲末活動即將舉行！

這一年，有人離席、也有新人加入；
有靜坐讀書分享、也有出外活動筋骨；
有品嚐到美食、有享受到情調與氣氛；
有增長見聞、也有敦親互愛。

這一年好像很豐富，又好像很混亂；
好像有點親蜜，卻又覺得有些疏遠。
讀書會不死，人終究會老，那麼參加這個團体的意義是什麼？
一年來不曾見上幾次面的會友，在這最後團聚的時刻，您捨得不來嗎 ？

明年又有明年的人事與光景了！
且珍惜今朝，曾與您一起結伴同行的我們，期待相見！

慶尾牙、賀新春、請賞光

2002 年 1 月 6 日(星期日) 中午 12：00 入席
席設：賓王大飯店
地址：北市南京西路 163 號 3F　02-25555182

※請準備價值 500 元之禮物，現場進行摸彩用※

顏將軍讀書會心得
——樂樂會永久會長

顏永雄

在會長及會員支持下，讀書會已經成立32年，非常不容易，附帶又成立「樂樂會」，是以每季配合讀書會以旅遊為主。

「樂樂會」成立8年宗旨如下：

金錢難買健康，健康大於金錢；

金錢難買幸福，幸福必須要有健康；

能旅遊，表示你很健康。

老朋友見一次是一次，

不要以為大家都年輕，不要以為交通往來都方便，

要知道世事無常。

希望每位好朋友能讀書、能旅遊，保持心態快樂，老朋友，要珍惜，要感恩！
人生短短數十年，要珍惜擁有、把握當下哦！

106年4月24日

一個愛書的人，他必定不致於缺少一個忠實的朋友，
一個良好的老師，一個可愛的伴侶，一個溫情的安慰者。

——巴羅

名編劇讀書聚會心得

吳文良

朋友相聚共讀一本書
是不同觀點的交換
智慧的凝聚
有如走入蘇東坡的竹林
吟嘯徐行
也無風雨也無晴

朋友聚餐共享美酒
是不同壓力的釋放
味覺的升級

正是李白的將進酒
人生得意須盡歡
莫使金樽空對月

106年4月27日

學問藏之身，身在則有餘。

——唐・韓愈

宇宙讀書會登山隊及泡湯

曾文龍

93年宇宙讀書會的登山照片，右邊第一位為新聯陽公司總經理林徹人，新聯陽是台灣最老牌代銷大公司，華固建設營建股王也是他們創辦的。

10年前我到德國考察，林徹人跟我說登山前他們在臺灣大學前面集合，我有去送行，送一首詩、送巧克力。他說看我寫的詩有一種悲壯感，有一種風蕭蕭兮易水寒的氛圍！

右邊第7位為廖文政前會長，他說登玉山時身體非常不舒服，還好吃了我送的巧克力，救了他一條老命！

往事悠悠啊，歡迎大家一起寫宇宙讀書會回憶錄。

106年4月15日

宇宙讀書會登山隊
06 07 2004

讀書人登山隊

一、宗旨：

本登山隊於民國九十二年一月成立，集合各方愛好登山及戶外活動人士，每月安排一登山路線，提供隊友強健身心、訓練體能之健康休閒活動。

二、規則：

1. 新隊員入會費 1000 元，僅供活動通知、急救藥物、無線電通訊、廣播器材、登山路標、團體登山服裝、登山帽等用途。
2. 隊員每年年會費 1200 元，為隊員交流聚餐及尾牙授贈幹部禮品等支用。
3. 每年推選隊長一名，副隊長若干名輔佐會務，及安排各項任務。
4. 為減低隊務行政工作，月例登山活動，只提供行程路線計劃、安排及通知，並做活動嚮導。交通工具、車資、門票、午餐、飲料、餐點等請隊員自理。
5. 隊員繳交入會費及年費委託專人管理並做專款專用，於每年年底結算公告。
6. 原則月例登山活動定在每月第二週六，除颱風或其他特殊情況則另行調整通知。
7. 隊長及副隊長每年訂出年度主題及行程規劃，訓練隊員由近至遠，由小山至大山，以強身為目標。

隊長：劉建平 0936-289000

第一副隊長：林寶幸 0920-015768
第二副隊長：張天榮 0956-384518
第三副隊長：俞自強 0933-724733

九十二年下半年登山活動行程計劃

日期	星期	目的地	集合時間	集合地點	路程	附註
7/12	六	老梅溪青山瀑布	08：30	老梅溪 23 號橋	90 分	沿溪溯溪戲水
8/09	六	陽明山涓絲瀑布	08：30	劍潭捷運站	180 分	冷水坑步道
9/13	六	東吳大學圓山步道	08：30	東吳第七衛哨	180 分	文間圓山步道
10/11	六	魚路古道	08：30	擎天崗遊客中心	180 分	金山頂八煙
11/15	六	拇指山九五峰	08：30	吳興國小	180 分	象山、松山商職
12/13	六	待老坑山德高嶺	08：30	政大校門口	150 分	尾牙聚餐

註：實際路線以當月份通知為準。

95 年登山地點行程表如下

日期	登山地點	主辦人	備註欄
95/1/14	大崙頭山	林學賢	
95/2/25	木柵政大-銀河洞或杏花林賞花	林學賢	
95/3/11	山海遊蹤春日遊	與讀書會合辦	
95/4/29	北投-興福寮	林學賢	
95/5/27	桃園大溪-打鐵寮	林學賢	
95/6/17	天母水管步道	林寶幸	
95/722	擎天崗.娟絲步道(瀑布)	林寶幸	
95/8/26	三芝老梅-青山瀑布	林學賢	
95/9/23	新店-獅子頭山	林學賢	
95/10/21	擎天崗・石梯嶺・頂山（風櫃嘴）	林寶幸	
95/11/25	金瓜石-無耳茶壺山	林學賢	
95/12/16	外雙溪-內寮番(平等里)/交接	林學賢	

讀書會例會演講「房地合一稅」

蔡穎華

105年4月23日宇宙讀書會例會，圓滿成功，高朋滿座，真是太感謝主席——創會會長曾文龍博士，以其在不動產領域數十年的鑽研，桃李滿天下，為我們對「房地合一稅剖析及房市未來展望」作深入淺出重點精華的講演，與會會員及來賓都獲益良多，每人更擁有一本曾博士的大作『土地法規與稅法』。當場就有四位嘉賓簽入會表格，加入「宇宙讀書會」。

感謝並歡迎四位生力軍張振城、程素梅、楊治林及洪薏晴，同時還要謝謝副主席、也是秘書長林英芳鼎力協助及財務長林祝明的幫忙，最後要謝謝會員的踴躍參與。

105年4月24日

讀書會的廣度與深度

曾文龍

讀書會的好處之一
縱然沒有空去時
也會寄來一本書
你會詫異 這本書
可能一輩子都不可能去買
現在 卻歸你所有
只要翻閱 卻也驚覺
裡面也有迷人的風景
甚至超乎預料

書友為我們
開啟了許多門窗
讓吾人飽覽人世的繽紛
擴大了前所未有的深度與廣度

——本文寫於民國90年3月，春回大地

註：宇宙讀書會是本人創辦於民國75年蔣經國戒嚴時期，已經32年了，應為臺灣最早創立的讀書會。

2007宇宙讀書會

夢幻內閣名單

會長	林寶幸
副會長	林學賢
執行長	謝志皇
財務長	湯　英
企劃長	羅淑芬
秘書長	施振劍

山海遊蹤-宇宙讀書會春季一日遊

淡水古蹟園區 Tomsui Historic Sites

.....走訪先人遺址，**看***淡水紅毛城古蹟風華再造*

.....瀏覽金色水岸，**聽***淡江浪花輕拍左岸激起浪漫漣漪*

.....漫步陽明花海，**賞***春日櫻花怒放、杜鵑及茶花爭奇鬥艷*

.....回味老街風情，**啖***金包里老街堅持的鄉土口味及令人垂涎的廟口鴨肉*

◎關於 3 月 11 日春季一日遊建議相關行程如下

0800-0900	中正紀念堂集合出發
0900-1100	淡水紅毛城古蹟風華專人導覽 (書目：浪漫淡水-訪古趣手冊)
1100-1200	淡水金色水岸漫步
1200-1300	領事館餐廳用餐　地址：台北縣淡水鎮中正路 257 號　電話：02-26228529
1400-1630	陽明山台北花季賞花
1730-1830	金山金包里老街巡禮
1830-2000	金山鴨肉餐廳用餐
2000-	賦歸

費用：會員 600 元，非會員 1000 元，眷屬入會者及小孩等同會員之優惠收費
行程：包含車資、保險、門票、會員選書、午晚兩餐及無價的風光

沒雨，走圓山，舒活筋骨。

有雨，到故宮，回溯歷史。

再冷，也要來走動！走動！

2002 年新會長陳貞彥上任第一次活動

「戶外走走、青春行」

特邀前任會長及總務共同主辦。

活動結束後，視同好多寡

再議可能行程，後半段自由參加。

91 年 2 月 3 日(星期日)下午 2：00
劍潭捷運站往士林方向出口集合
陳貞彥、游家昌、林淑芬恭候您的光臨

宇宙讀書學會九十三年各月份主席輪值表 93.3.19

月　　份	主席姓名	會務日期	活　動　內　容	OB 輔導	作者備忘錄
一　月　份	湯英/俞自強	1/29(四)	喝春酒 辦春事	蔡素瑛	
二　月　份	謝志皇/林學賢	3/14(日)	登聖山前的暖身及心理建設（永遠的山）	曾文龍	陳列
三　月　份	陳白蘭/謝文選	3/27(六)	張榮發回憶錄	陳貞彥	張榮發
四　月　份	林淑芬/周振亨	~~4/24~~(六) 5/8	霧社事件	游家昌	邱若龍
五　月　份	高順鎰/林學賢	5/22(六)	玉山_我來了	陳文龍	
六　月　份	周振亨/張震宇	6/26(六)	紅酒文化講座	吳文良	
七　月　份	羅敏慧/郭信男	7/24(六)	金門三日行	顏永雄	
八　月　份	謝忠達/蔡台珍	8/28(六)		陳清祥	
九　月　份	蔡月琴/楊世益	9/25(六)	外婆的澎湖灣	陳和睦	
十　月　份	黃秀碧/張嘉恩	10/23(六)		王妃湘	
十一月份	左永安/夏子晴	11/27(六)		呂毓卿	
十二月份	王琦樺/蔡家旺	12/25(六)		張芳寧	

中華民國宇宙讀書學會九十二年度內閣名單

項　次	職　　　銜	姓　　名	職　　權
1	會　　　長	王 妃 緗	主持會務工作
2	副　會　長	廖 文 政	協助會務推展
3	榮 譽 會 員	陳 文 龍	會務指導
4	榮 譽 會 員	王　　牒	會務指導
5	首 席 顧 問	曾 文 龍	會務指導
6	專 案 顧 問	高 順 鎰	會務指導
7	執 行 顧 問	吳 文 良	會務指導
8	企 劃 部 長	羅 淑 芬	文宣、期刊規劃
9	特 別 助 理	蔡 秀 美	會務推展特別助理
10	執 行 祕 書	湯　　英	執行會務工作
11	公 關 部 長	謝 志 皇	會員及業務開發與協調
12	財 務 部 長	林 淑 芬	財政管理

2003/01/01 會議備忘錄

說明：本會已邁向第十七年，為提昇本會之品質及各會員建言，本年度將調整如下。

內容：

1. 閣員改組，提昇本會質與量。
2. 鼓勵會員配偶參與， 一人繳費兩人同享會員資格。

   優惠：旅遊共享會員價、可代為列席。
3. 推薦優質會員加入，推動學會正式立案。
4. 增設會務規劃檢討會。
5. 敬請準時於 2 月份繳足會費，以便配合會務推展。

一句話反敗為勝

親愛的同學：

這是十倍速時代，凡事求快，求EASY。今天企業競爭生態「不再是大吃小，而是快吃慢」。美國奇異公司120年老店被15年的微軟超越，日本45年的軟體銀行超越百年的三菱，同樣，台灣50年的台塑集團也被10年的台積電超越，而台積電又被5年的雅虎所超越！

快吃慢，更快又吃快！

慢一步，就有很多人，很多公司迎頭趕上！

尤其是成功經營的智慧，你我都需要十倍速，不，更快的，一百倍速地吸收！而本月所讀的這本「一句話反敗為勝」正是符合你我百倍速食的好書！

這一生有那句話或那句座右銘影響你最深刻？~~希望~~期待在米蘭之夜和你分享！~~(也分享同學們的一句話)~~

時間：2001年7月26日(星期四)

地點：台北市興安街222號
米蘭咖啡館(中泰飯店後面)

電話：2717-2848

木柵捷運線
中山國中站

地圖。

精緻套餐

1. 海陸双併焗烏
2. 炭烤牛小排飯
3. 法式香煎豬排飯
4. 義大利海鮮麵
5. 無骨雞腿飯
6. 特級白鯧魚飯

主席：林家彰、呂毓卿 敬啟

Say Hello to you!

HI！寶幸 同學：新年快樂！
今天是 1999 年 1 月 1 日，您當然不在辦公室！
昨晚，世界夜未眠，您呢？
您是以何種方式、何種心情跨過 5 4 3 2 1 的呢？

我是讀書會 99 年文宣設計兼發通告的新志工—羅淑芬，現任職於桃園建來成建設，擔任總經理助理一職，平日工作即以聯絡或安排事項為主。

與書為友，天長地久。
除了『不老的秘訣』外，您最近還看過什麼書嗎？
推薦您時報最新出版的『神探李昌鈺破案實錄』，保証非常過癮！
李博士以科學鑑識方法辦案，令人瞠目結舌、驚嘆不已。最有趣的是李昌鈺博士和梅可望教授早年皆曾受教於警官學校，並均提及今日之活力實有賴於警政學校當年磨練之基礎！
李博士當學生時，梅先生還是該校的校務長，所以說讀書的樂趣就像打撞球一樣，一顆母球會產生許多的 kiss 連鎖反應，因為看過某本書進而想看另一本書，如果沒有「不老的秘訣」，天下出版的「從憂患中走來」就只是架上一本新書而已。看完李昌鈺會不會想看看法醫楊日松的書呢？法醫、刑事警察、刑事鑑定、美國跟我國究竟又有何異同呢？然後想不想在寒冬時刻，沏一壺熱茶，手捧英國推理小說之王的作品，跟著作者推理辦案一番呢？

是的，抽出時間閱讀吧！
不管什麼書，只要它能帶給您閱讀時的樂趣，那就是最棒的收穫！
但是請記得，不要吝於—分享！
在每月一次的讀書會上，我們期待來自不同觀察角度的心得與感想能與書友們做分享。好像有點壓力，還好啦!
如果，您這個月沒來，下個月也不會來，那就不好玩了!
所以，每個月期待與您相聚!

這封傳真，僅視作 99 年的讀書會文宣開場白!

宇宙讀書會 淑芬

宇宙不動產讀書會

1999年最佳夢幻組合誕生了

根據99/1/8新舊幹部交換意見後之決議：今年度每月讀書會之主席將採雙人制。
用意是：加強學員間的互動，並希望學員們均有登上主席檯帶領導讀及主持的服務機會

名單的產生，採抽籤制，並以一男一女搭配方式為原則，因為場次有限，難免有遺珠之憾，謹此抱歉。若有學員在預定時間內有不便處，歡迎彼此磋商調度，並就最後結果回報會長，謝謝！

99年/月份	主席	說明
1	高順鎰、羅淑芬	
2	湯英、謝志皇	
3	蔡秀美、呂毓卿	
4	王妃湘、卓忠三	
5	~~洪翠櫻~~、陳和睦	請著手準備
6	王慧玲、曾義詮	書籍及場地
7	王琦樺、游家昌	
8	張芳寧、吳文良	
9	~~趙秋萍~~、陳清祥	
10	林寶幸、~~周朝陽~~	
11	蔡月琴、劉天然	
12	陳貞彥、廖學興	

1998年回憶錄

月份	書名/活動	主席
1	讀書會創造命運	游家昌
2	糊塗憶今多	湯英
3	生活與法律	蔡秀美
4	電影欣賞 鋼琴師&一日鐘情	張芳寧
5	人生因夢而真實	鄭秀娉
6	驚歎陶藝之旅 吃自己做的菜	張慧滿
7	總裁獅子心 北美菁英交響樂欣賞	王妃湘
8	九死一生	陳和睦
9	即興創意	周朝陽
10	金山野柳旅遊	陳清祥
11	房地產行銷實務	陳春塗
12	不老的秘訣 (年終聚餐)	陳文龍 吳文良

會長：蔡素瑛 0936-062-623
祕書：陳春塗 02-8282-5501(O)
財務：張慧滿 090-287-043
文宣：羅淑芬 03-326-2828轉260(O)

會長：吳文良 0935-616-878
祕書：王琦樺 02-82508-8547(O)
財務：林寶幸 02-2713-6545(O)
文宣：湯英 02-2504-4149(O)
謝謝您們一年的付出！

後記:1/8晚在和平飯店內，讀書會：文良、文龍、湯英、芳寧、順鎰、素瑛、慧滿出席談笑間，驚報讀書會開春最大八卦，由於羅淑芬未進入狀況，故無法在此分享，若有興趣了解，務必參加本月聚會，日期地點，另通告之。

羅淑芬

2002 不動產・宇宙讀書會 12 月活動

景氣不夠力？
12/29 吃喝玩樂一定要爭氣！

是啊是啊
反正景氣就是這樣了 工作就是這樣了
政治就是這樣了 生活就是這樣了
讀書會也就是這樣了 哈哈

總統大選還太早 舊曆年倒是迫在眉梢
一年中難得露幾次臉的 該在歲末現身了吧
不必在乎這一年書讀了幾本 得失又如何
只要沒有辜負自己 沒有辜負別人就好
12/29 來跟老會友聚聚吧
對飲暢言 一曲既解悶 再舞可忘憂

愈是蕭條冷清 愈要搞得火辣刺激
12 月讀書會壓軸大戲 上海伯樂門狂歡上演
台北社交圈流傳的神秘境地
唯有這一次
您才有幸親臨 感受
所謂的 浮華奢迷之頹廢
・・・・・・

迎新送舊尾牙大宴

策劃人：湯英、謝志皇
時間：91 年 12 月 29 日(日) 中午 12 點開席
地點：上海伯樂門 02-8771-8516
台北市忠孝東路四段 201 號 (同領廣場 5 樓)
捷運板南線忠孝敦化站 2 號出口
活動內容：午宴、摸彩、內閣總辭、歌唱、跳舞玩到晚
注意事項：依例會員請準備 500 元禮品、非會員參加費用 1500 元

柒

最近 20 年的部分心得與火花(二)

多元活動　百鳥爭鳴

傳奇的「宇宙讀書會」

鋼筆字作家　王穎珍

我的恩師是偉大的華人知名教育家，臺灣房地產教父—曾文龍博士，他創立了全臺灣最早的讀書會，名為《宇宙讀書會》，成立至今三十多年來，會友們源源不絕來自四面八方，

並且一直持續至今！

我因跟著曾教授學習土地法，擴大了知識領域與人生觀點，茲以最愛的鋼筆手抄摘錄 恩師經典語錄，向大師致敬！

Enjoy Reading

105年5月15日

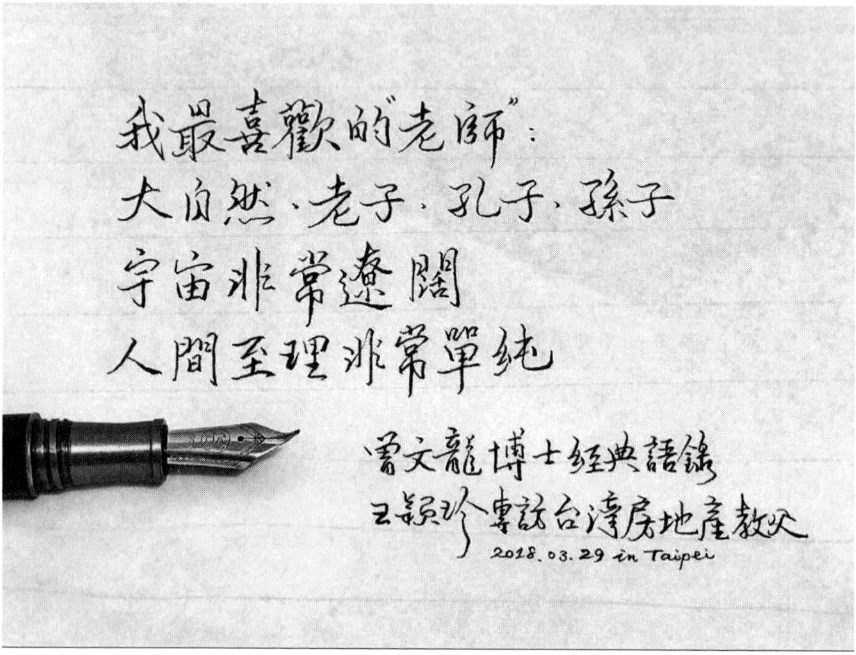
我最喜歡的老師：
大自然、老子、孔子、孫子
宇宙非常遼闊
人間至理非常單純
曾文龍博士經典語錄
王穎玲專訪台灣房地產教父
2018.03.29 in Taipei

美好的書卷氣質來自多讀書

鋼筆字暢銷書作家　王穎珍

讀書破萬卷，下筆如有神！

我熱愛閱讀，每天都要讀書，不僅僅是因為自身寫作的需要去儲備靈感而讀，同時也是喜歡享受一份來自書卷氣的洗禮！參加讀書會一齊讀書，更是可吸收許多會友的高見！

古代書籍多作捲軸形，故稱之為「書卷」；因此，要取得書卷氣的先決條件是「多讀書」；不讀書則無從談書卷氣，書讀得不多更難以散發出書卷氣。

「書卷氣」可謂是一種文化氣質外溢之美，它散發著一種優雅的韻味，其概念不易言傳，其內涵卻可以意會。人的外貌會隨歲月老去，而靠著閱讀卻能培養永恆的氣質。

《世說新語》載：郝隆七月七日出日中仰臥，人問其故，答曰：「我曬書。」腹中有書到須曬的地步，外溢出的自然是極其濃郁的書卷氣質！

寫文章，需要具備豐富的靈感，靈感的取材和醞釀自然與書卷相關，那「讀書破萬卷，下筆如有神」的「神」中，即蘊含著強大的書卷氣能量！

北宋大詩人黃庭堅曾云：「人不讀書，則塵俗生其間，照鏡則面目憎，對人則語言乏味。」從事藝術創作亦然，作品蘊含書卷氣，便平添風神韻味，如無書卷氣，則匠氣、俗氣充斥其間，自然面目可憎，語言乏味。

願人人都因「多讀書」而受益，多參加讀書會，進而也能寫出好文章，享受揮毫自有神來之筆的樂趣！

106年6月26日

陸小芬也來了

亞太影后、金馬獎影后陸小芬，在百忙中有數次來到宇宙讀書會，或演講，談談人生心得，或當貴賓，與會友熱情的交流。

黃金未是寶，學問勝殊珍。

——唐王梵志

史上，層級最高的作者出現 ——
8/31 王建煊與您面對面

我們驚訝：他怎麼有這麼多信手捻來的故事？
我們感謝：他願意慷慨的，把他的人生智慧分享出來！
我們欣賞：他寫的文章跟他所說的話，一樣誠懇有個性！
我們佩服：他在每個角色的扮演上，只見用心，從無眷戀！
我們驚喜：這位只能透過大眾傳媒見到的人，可以現身會場，與我們同桌言歡！

可以帶照相機嗎？可以摟著他留影嗎？可以請他簽名嗎？
哦，雖然頭銜屬於過去；不要把他當名人看，卻還是很難！
他的頭上仍有光環，他在為主工作。他是愛心第二春文教基金會董事長。
他以文字佈道、以言行見證。
他就是【通樂—想通了就快樂】一書的作者王建煊，讀書會八月份的特別來賓！
萬事互為效力，這是多麼奧妙的句子！您感受到了嗎？

八月主席：王琦樺、吳文良
讀書：通樂 —想通了就快樂
時間：89年8月31日(星期四) 晚 6:30起
地點：柏克萊西餐 // 台北市敦化北路222巷9號
(民生東路與民權東路之間、雙聖冰淇淋旁巷入)
電話：2717-7075 . 2717-7076

公告欄

本次活動為配合作者時間，特別情商延至8/31，主席並精心安排在柏克萊餐廳舉行。
該餐廳晚餐備有(1)碳烤沙朗牛排(2)碳烤沙朗羊排(3)燒烤脆皮雞腿(4)起司焗鱈魚四道主餐，並搭配酥皮濃湯、沙拉吧、甜點、水果等，料理豐盛。餐後一杯熱咖啡，即可與作者開講起來。
歡迎邀伴參加，非會員酌收300元。(書本自備)
8/29中午前完成報名及餐點統計，以確保品質，敬請合作。

2002 不動產・宇宙讀書會 6 月活動

關於趙寧，另一個楚門？
這次不讀書，讀人！

這樣說趙寧，不知道您是否同意？
關於趙茶房這個人，應該是大部份四年級同學成長中的集體記憶吧！
他的一手打油詩、韻味十足輕鬆有趣，他的漫畫、畫風乾淨思想純良。
他的成長、他的情感、他的求學、他的生涯，都在在曝光在他的作品裡。
直到他出國回來成為趙博士，在視聽媒體裡佔有一發言位置、又轉身取得公職，我們仍然像朋友般，看著他。
甚至當年被喻為黃金單身漢的他，他的情感動向與婚姻，都逃不過被一路競逐的報導命運。
當他終於回歸教育這個安靜的圈子，仍然騷動著八卦媒體的潛意識。

他的人生就像是楚門世界裡的楚門，被社會上各個角度架設好的攝影機錄攝下來，被大家窺視的明明白白，於是提到「趙寧」這個人，我們好熟悉，不是嗎？
他會無耐嗎？還是這就是知名人物的承擔吧？或者他從來沒有用過這個面向來看待自己？

他曾經是妳的白馬王子嗎？你還收藏著他的圖文書嗎？他的口角春風多令人懷念。只是他變了，他現在最重要的人生課題，是一名做父親的、做先生的，要如何珍重自己，好全程的陪著妻兒、看護他們長大，因為這樣的心情，他的人生智慧彷彿更深沉了。
於是，趙博士說不用特別去讀他的書，他要跟各位分享動人的：**愛妳在心口常開。**

如果以上所言，你有不認同之處，那麼請來現場印証！帶著你的記憶，與趙寧面對面，一起跌入在 60 年代的回憶裡吧！
過去真是美好，而未來，在他的一席分享裡，仍充滿了值得期待的光環！

主席：張芳寧、陳和睦 (6 月活動因故延後，請多包涵)
特別來賓：師大教授 趙寧博士 / 主講：愛你在心口常開
時間：91 年 7 月 8 日 (星期一)下午 4:30 起游泳 ・6:30 起用餐 ・7:00 準時演講
地點：師大體育館體育室 2 樓會議室
台北市和平東東路一段 162 號 (正大門入右轉、步行 3 分鐘舊禮堂旁)
※歡迎踴躍邀伴參加，酌收場地服務費 200 元！(會後卡拉 OK 聯歡)

沙漠玫瑰---龍應台

寫野火的時候，我只看孤立的現象，就是說，沙漠玫瑰放在這裡，很醜，我要改變你，因爲，我要一朵真正的芬芳的玫瑰。四十歲之後，發現了歷史，知道了沙漠玫瑰一路是怎麼過來的，我的興趣不再是直接的批判，而在於，你給我一個東西、一個事件、一個現象，我希望知道這個事情在更大的座標裡頭，橫的跟縱的，它到底是在那個位置上？在我不知道這個橫的跟縱的座標之前，對不起，我不敢對這個事情批判。

對於任何東西、現象、問題、人、事件，如果不去認識它的過去，你如何理解它的現在？到底代表什麼意義？不理解它的現在，又何從判斷它的未來？不認識過去，不理解現在，不能判斷未來，你又有什麼資格來做我們的國家領導人?

對今天已經是四十歲以上的人，要求他們有人文素養是太晚了一點！

人文素養是在涉獵了文史哲之後，更進一步認識到這些人文學，到最後都有一個終極的關懷，對人的關懷，脫離了對人的關懷，你只能有有人文知識，不能有人文素養。

不幸的是，我們都已是四十歲以上的人了，在讀「百年思索」這本書的時後，該以什麼心情與態度面對呢？

我想既然某方面嫌太晚，某方面猶有可追，就讓我們的思考跟觀念裡都建立了一把尺，用來度量現今檯面上的政治人物其一言一行是否具有人文素養吧！

九月主席：張芳寧、陳春塗

讀書：百年思索(作者一龍應台)

時間：89 年 9 月 27 四(星期三) 晚 6:30 起地點

地點：里昂**餐廳** // 台北市仁愛路二段 **72-2** 號　　300

(新生南路與臨沂街之間、鴻禧大廈正對面)

電話：2351-5179 . 2321-8882

公告欄

本次月會主席因高順鎰先生有事無法參加，故改由春塗上場，請大家一本愛護之情，踴躍出席。

里昂餐廳晚餐備有(1)牛排(2)羊排(3)雞排(4)魚排四道主餐。9/26 前，請主動與會務秘書林淑芬(0955-211-317)完成報名及餐點確認，以確保品質，敬請合作。

龍應台沒來、您也沒來！

兩位特別人物卻帶來意外的高潮‧‧‧‧

這兩位特別人物一位是聯合報副刊及讀書人專刊的資深編輯田新彬女士，一位是曾在德國居住長達十年以上的作家楊夢茹女士，兩位都是本次活動主席張芳寧的好友，因爲都跟龍應台有點關聯，所以特地應邀，前來一聚。

新彬是國內第一個採訪龍應台的媒體工作者；夢茹則對龍應台所居住的德國提供背景及環境的介紹。

如果說，一個人的言語代表一個人的思想，那麼從德國回來的人，都或多或少有些嗆、有些辣。夢茹對於台灣諸多現象頗不能理解也深感不可思議，骨子裡要質疑、要公理、要改革的直率勁兒，直追當年野火集裡的作者，這點，會長陳和睦教授以及師大的校長可是領教過了。

新彬呢？她帶了一本 75 年出版的「龍應台評小說」和最新的「百年思索」對照出她的觀察，她覺得龍應台是在成熟進步中。15 前，寫野火是策略性的也充滿了知識份子的批判，寫來沒有瞻前顧後的疑慮；15 年後，她在「百年思索」的代序裡提到——「四十歲之後，發現了歷史，知道了沙漠玫瑰一路是怎麼過來的，我的興趣不再是直接的批判，而在於，你給我一個東西、一個事件、一個現象，我希望知道這個事情在更大的座標裡頭，橫的跟縱的，它到底是在那個位置上？在我不知道這個橫的跟縱的座標之前，對不起，我不敢對這個事情批判。」

新彬說，龍應台顯得謙虛而且謹慎了，對她的讀者來說，她也在帶領著他們成熟。啊，我真的好感動，四十歲的我們已沒有了滿腔的熊熊的怒火，而是這樣沉潛下來看待一些事，15 年間的變化，龍應台還是令我深深著迷。

新彬說，<u>如果有人還沒看完這本書，那麼她推薦一定要看的單元是：代序—「在迷宮中仰望星斗」、輯一『手捧著透明的細磁』、第 198 頁「八 O 年代這樣走過」等三篇。</u>

夢茹也給了她曾經發表過的數篇文稿。其中一篇「天問」，記述的是參觀德國集中營的感想，我一時覺得，甚是熟悉。

回到家，找出去年我們曾選讀過的「跌倒在旅行地圖上」一書，翻翻翻找到了，第 125 頁「工作讓你自由」，寫的是同一個集中營。孟茹的「天問」雖然是白紙黑字，可是文字很有影像感，看來觸目驚心極了，孫秀惠的攝影筆記書則補實了文字的想像，啊，這就是所謂的交錯閱讀的樂趣啊！而且，我也找到了 15 年前的「龍應台評小說」這本書，重新再翻閱，我狠很的一口氣讀來，津津有味，只感嘆 15 年的時間過的真快！

親愛的朋友們，這樣的閱讀經驗給了我很大的滿足與快樂，所以我想跟您分享，也希望您能有您自己私密的閱讀樂趣。(讀書會的書沒看完沒關係，來了，就是會有意外的收穫的，所以，真的很希望您都能出現。) **【淑芬 2000.9.29】**

104 年度宇宙讀書會十一月份例會

★舉辦時間：*104 年 11 月 21 日(星期六)14：00 至 17：00*

★舉辦地點：不動產教育訓練中心

台北市忠孝東路四段 60 號 8 F (彩虹園大廈)

(板南或文湖線在捷運忠孝復興站三號出口右側巷子可達。)

★導讀書目：本心：**張榮發的心內話與真性情**

★本月主席：**陳貞彥 / 林寶鳳**

★講師導讀：**陳貞彥**

★作者簡介：張榮發 --- 口述 / 陳俍任 --- 採訪、撰文

★內容概述：

一般企業家內心是孤單的，心內話是不容易出口的，但長榮集團張 總裁不一樣，他有話直說不加掩飾，記者很喜歡訪問他，因為他講的話有很高的新聞價值，“本心”這本書是總裁自己口述的人生故事，也顯示出他的心內話與真性情，大人物小故事值得我們細細品嚐、好好體會，裡面藏的話是大道理。

★活動流程：

時　間	內　容	執行單位
14：00~~14：30	報到聯誼	服務組
14：30~~14：40	會務報告/主席致詞	蔡穎華會長
14：40~~16：50	導讀 &會員雙向交流	陳貞彥
16：50~~17：00	會長結語/活動預告	蔡穎華會長

- 費用會員全免，樂樂會及會友每人含書 400 元(需預約備書及點心)、不含書 150 元(需預約點心)。
- **報名專線：陳貞彥 0910-457698、林寶鳳 0928-232769**

「全球投資大師創富金鑰」——讀書會心得

林詠心

本次讀書會邀請的是理財實戰名師黃賢明作者，親臨說明講解有關於股市如何入門，及長期投資應該要注意的訣竅。

首先感謝當天的陳貞彥主席、程素梅副主席、林祝明財務長，分別主持、發書、簽到、收費、發水果、幫講師倒茶水，也謝謝曾創會長提供的場地，顏永雄將軍提供品皇好咖啡，讓八月的例會順利豐盛。

理財的方式是很多元化的，以股市為主軸的讀書會，講師特別提醒書中的一些要領，大家想在股市裡面賺錢或是成為股市大亨，是需要時間與經驗的累積。

股市我沒接觸過，只有在我的保險業務裡面，幫自己與客戶保守的規劃過投資型保險，所以對股市這方面只有基礎的了解，再經由講師特別提到16個策略，也是歷年股神與大師常說的「技術經典策略與啟示」，提醒了我不是只有聽一位大師的經典語錄就可以在股市賺到錢，而是要自己必須要花時間學習經驗，並且最重要的是懂得甚麼基本面、技術面、還有使用正確的工具、以及要有經驗豐富的人可以指導。

由黃賢明理財名師的說明，當天有股市經驗的朋友，提出了很多問題，講師也給予很多適切的答案。想要在股市翻身，想要進入股市多一項理財方式「全球投資大師創富金鑰」，這是一本極簡易懂的入門書，也很榮幸邀請到作者親自說明，讓我對股市有更多的了解。

讀書會快結束時，黃賢明講師感性地與感恩的心情跟大家說，這一生中最感謝的兩個貴人，一個是萬寶週刊投顧老闆朱成志，一個就是是房地產曾文龍老師。當下我也同感，我也感謝曾文龍老師，讓我認識房仲業，也在老師的指導下考取了不動產經紀人，再引領我到讀書會，接下來是要考中國的房仲證照……點點滴滴感謝在心。

曾文龍老師是宇宙讀書會的創會長，現在宇宙讀書會的活動除了讀書，還有講座、音樂會、電影欣賞會、是多元化的讀書會，唸的書目也由當月主席決定，是一個快樂的沒有讀書壓力的讀書會，我好開心認識各行業的菁英，加入這個有32年歷史的多樣化的、長壽的宇宙讀書會，邀請您也來共創另一個32年的讀書會。

106年8月26日讀書會 心得感想

十年寒窗無人問，一舉成名天下知。

——金・劉祁

3小時精通千億富豪、理財獲利王秘笈
全球投資大師
創富金鑰
理財實戰名師 黃賢明 編著
保證全部贏家實戰高深度精解！
全國難得首見！
●淬取全球TOP投資大師創富密碼
●獨家破解國際權威指標理論之盲點
●晉升投資獲利王成功密碼
●程式複製黑馬飆股之實戰選股精例
●傳授散戶反敗為勝全方位寶典

106 年度 宇宙讀書會八月份 例會

★舉辦時間：*106 年 8 月 26 日（星期六）14: 00 至 16 : 30*

★舉辦地點：不動產教育訓練中心 / 台北市忠孝東路四段 60 號 8 F (彩虹園大廈)

(板南或文湖線在捷運忠孝復興站三號出口右側巷子可達。)

★財經講座： 書目：全球投資大師創富金鑰

作者為 黃賢明 理財實戰名師

★主講人：黃賢明講師

★簡介：輔仁大學畢業 / 專長金融投資操作 / 民視理財實戰專家。

30 股市專業與研究資歷 / 產經日報等報章媒體，應邀撰文分析與受訪。

★演講大綱：投資人如何快速解碼致富之道--

1.股神巴菲特的藏寶圖密碼。
2.全球最佳基金操盤人--彼得林區的冠軍方程式。
3.華爾街操盤冠軍舒華茲的巨富煉金術。
4.投資人應有之條件與工具。

～～邀請～您搭上財富列車！～～

備註

時　間	內　容	執行單位
14：00~~14：30	報到	服務組
14：30~~14：35	會務報告 / 活動預告	陳鎮華 祕書長
14：35~~14：40	主席致詞 / 貴賓(新朋友)介紹	林詠心 會長
14：40~~16：30	導讀/演講 / 實戰經驗 交流	王賢明 講師
16：30~~	會長結語	林詠心 會長

● 費用會員全免，樂樂會及會友每人 500 元。

● 報名專線：林詠心 0937-018-451、陳鎮華 0970-865-868 。

兩岸企管大師楊望遠也來了

田德全

讀書會聽講筆記分享

主講人● 國際企管大師楊望遠先生分享其著作《潛能激發管理兵法》

為上者
作業 SOP
善言詳聽
勤走善管
福利不乏

為下者
遵規以行
詳聽少言
開闊視野
勤學技能

綜評
健康第一
開心生活

八分科學二分藝術
八分穩定二分彈性

標準材質標準配方
實際材質修正配分

修正配方指方向及範圍
方向及範圍作出參數

管理者要能先說才能聽
設定範圍聽取眾言

提言者掌握三要素才能言之有物
一、具體事實
二、明確數字
三、最大效益

106 年 10 月 14 日參加宇宙讀書會整理分享

106 年度 宇宙讀書會七月份 例會

★舉辦時間：*106年7月28日（星期五）18：30至21：00*

★舉辦地點：義式意思餐廳 / 台北市士林區文林路 320 號 2F

（士林捷運站 2 號出口，步行約 2 分鐘. 電話：2881-4088。）

★健康講座：運動與營養 / 書目：穴道導引

★本月主席：陳鎮華 / 陳和睦

★主講人：魏均宣講師

★簡介： 長青會專職講師。

致今巡迴演講授課經歷 10 年的經驗。

曾任：高雄新高醫院 宣導部主任 / 台中仁愛綜合醫院 衛教部主任

現任：內湖康寧醫院 衛教部主任

★演講大綱：

1.好睡操：躺著也可以做運動。

2.做功課：坐久了動一動。

3.站功夫：該站起來活動活動了。

～～邀請～您來為自己的健康把關！～～

時 間	內 容	執行單位
18：00~~18：30	報到點飲料	服務組
18：30~~18：35	會務報告 / 活動預告	陳鎮華 祕書長
18：35~~18：40	主席致詞 / 貴賓(新朋友)介紹	林詠心 會長
18：40~~20：40	導讀與實作	魏均宣 講師
20：40~~	會長結語	林詠心 會長

● 費用會員全免，樂樂會及會友每人 500 元。

● **報名專線：林詠心 0937-018-451、陳鎮華 0970-865-868。**

105年度宇宙讀書會11月份例會

★舉辦時間：*105年11月19日（星期六）*

★舉辦地點：不動產教育訓練中心

台北市忠孝東路四段60號8F(彩虹園大廈)

(板南或文湖線在捷運忠孝復興站三號出口右側巷子可達。)

★導讀書目：重新一個人

★本月主席：高順鎰/張芳寧

★講師導讀：高順鎰

★作者簡介：吳若權

★精彩內容：

每一個人中老年後，無論你是結婚、未婚、不婚、離婚、或再婚，經過人生的生、老、病、死，終究又回到「獨身一個人」。要如何好好渡過「自己陪伴自己」的人生下半場呢？讓我們藉由閱讀「重新一個人」這本書來互相探討和學習。

★活動流程：

時　間	內　容	執行單位
15：15~~15：20	報到聯誼	服務組
15：20~~15：30	會務報告/主席致詞	蔡會長/高順鎰
15：30~~17：50	導讀&會員雙向交流	高順鎰
17：50~~18：00	會長結語/活動預告	蔡穎華會長

- 費用會員全免，樂樂會及會友每人含書500元
- 報名專線：　秘書長林詠心 0937-018-451

會長　蔡穎華

11月份主席 高順鎰/張芳寧　敬邀

105 年度 宇宙讀書會十月份 例會

★舉辦時間：*105 年 10 月 15 日（星期六）15：00 至 17：00*

★舉辦地點：不動產教育訓練中心

台北市忠孝東路四段 60 號 8 Ｆ（彩虹園大廈）

（板南或文湖線在捷運忠孝復興站三號出口右側巷子可達。）

★講座：26 位各行業頂尖人士成功祕笈

★本月主席：林詠心 / 林寶鳳

★主講人：暢銷書創意圖文作家‧王穎珍

★作者簡介：暢銷書作家～

《知識名人的成功祕笈》

《小王子花體字集》

知識管理『名人堂』專欄作家

人氣臉書『字字珍言』版主

★演講大綱：第一手採訪台灣傑出人士成長故事與歷練心法

1、併購大王～盧明光

2、管理學泰斗～許士軍

3、會計學泰斗～王景益

4、太平洋自行車～林正義

5、傑出企業家～石賜亮

6、知識管理大師～曲立全

7、邏輯電子～莊國欽

8、憶聲電子～彭君平

9、考試院委員～黃俊英

10、光碟大王～張昭焚

邀請～您來感受大師們的人生啟示！讓您聆聽五星級以上的心靈感受！

時　間	內　容	執行單位
14：30~~15：00	報到聯誼	服務組
15：00~~15：05	會務報告 / 活動預告	林詠心祕書長
15：05~~15：10	主席致詞	蔡穎華會長
15：10~~17：00	導讀 & 勵志小卡製作	王穎珍作者
17：00~~17：00	會長結語	蔡穎華會長

●費用會員全免，**樂樂會及會友每人**含書 500 元。

●**報名專線：林詠心 0937-018-451、林寶鳳 0928-232-769**。

●**請參加者備＂筆＂製作專屬…勵志小卡（會給大家準備卡片專用高級法國紙）。**

105 年宇宙讀書會八月份例會

★舉辦時間：105 年 8 月 9 日（星期二）　18:30 至 21:30
★舉辦地點：師範大學體育館
　臺北市和平東路一段 162 號　體育館 3 F　001 教室　（操場對面）
在捷運古亭站四號出口右轉和平東路向前走右手邊

★導讀講者及書目：陳立維 / 初斷食

★本月主席：陳和睦 / 林祝明。

★精彩內容：
斷食常令人望而生畏，以為是完全不吃，其實不然！斷食反倒是用有能量的東西取代你平日的飲食內容，斷食只是在某一段時間遠離食物，讓身體好好休息，讓您活的更好，活出真正的健康。

★活動流程：
18:30~19:20 報到聯誼用餐
19:20~19:30 會務報告 / 主席致詞 蔡會長 / 陳和睦
19:30~21:00 演講導讀及講者會員們雙向交流
21:00~21:20 陳和睦教授養生經驗分享
21:20~21:30 會長結語 / 活動預告 蔡會長

★費用：會員全免，樂樂會及會友每人含書 400 元(需預約備書及餐)、不含書 200 元(需預約餐)，餐點係日式便當，若有素食者請於報名時加註告知。

★報名專線：蔡穎華 0921-607651、林祝明 0933-016888

會長 蔡穎華 / 主席　陳和睦　敬邀

8/9 日參加名單：
1.蔡穎華 2.陳和睦 3.林祝明 4.洪薏晴 5.程素梅 6.鄭國春
7.施振釗 8.陳貞彥 9.彭曼莉 10.林寶鳳 11.蔡素瑛 12.范祚智
13.陳鎮華 14.蔡馥蔓 15.高順鎰 16.林學賢 17.林詠心 18.楊治林

105 年度宇宙讀書會　7 月份例會

活宇宙的奧秘

★**舉辦時間**：105 年 7 月 30 日（星期六）12:00 至 15:30

★**地點**：台北市海峽會藍寶廳，地址：台北市松山區敦化北路 167 號 B1

★**心靈講座**：活宇宙的奧祕

★本月主席：蔡素瑛（Tina）林寶鳳

★**講師**：嚴守仁博士…北極星知識工作（股）公司董事長

★**簡介**：美國馬里蘭大學管理學博士，半導體產業經驗 16 年，推廣生命教育志業 19 年、社會企業 6 年。新竹希望園區生命教育協會創會理事長，目前亦擔任台灣尤努斯基金會教育訓練委員會主委。

★**活動流程**：

12：00～13：30	報到用餐聯誼
13：30～13：45	會務報告/主席致詞　蔡穎華會長
13：45～15：30	導讀&會員雙向交流　嚴守仁博士。後會長結語/因包廳採一大圓桌用套餐美酒，固只限邀會員免費參加。

會長—蔡穎華

104 年度宇宙讀書會五月份例會

★舉辦時間：*104 年 5 月 23 日 (星期六) 15:15 至 20:00*

★舉辦地點：不動產教育訓練中心

台北市忠孝東路四段 60 號 8 F (彩虹園大廈)

(板南或文湖線在捷運忠孝復興站三號出口右側巷子可達。)

★導讀書目：60 人生多美好

★本月主席：高順鎰　/　林英芳

★講師導讀：高順鎰

★作者簡介：博納 ·奧利維著　　楊雯珺 譯

★精彩內容：

「我們不是因為年老而停止玩樂，我們是因為停止玩樂才會變老」，所以讓我們繼續玩樂！

「我們不是因為年老而停止閱讀，我們是因為停止閱讀才會變老」，所以讓我們繼續閱讀!

五月一起來讀讀這本有趣的書 -「六十人生多美好」，來分享作者屆六十歲前遭遇人生的晴天霹靂—妻子亡故，母親過世，自己被解雇。在悲痛與失落了好一段日子後，如何獨自進行一千公里的法國鄉野行腳，一邊進行大健走，一邊走進自己的過去，重新認識自己，找出真正想做的事，重新構建自己的退休大計。咱們大家也可趁此機會想想自己退休後的「生涯規劃」，好好地去過自己「真正想過」的日子。

★活動流程：

時　間	內　容	執 行 單 位
15：15~~15：30	報到聯誼	服務組
15：30~~15：40	會務報告/主席致詞	蔡會長/高順鎰/林英芳
15：40~~17：50	導讀 &會員雙向交流	高順鎰
17：50~~18：00	會長結語/活動預告	蔡穎華會長
18：00~~20：00	備有精緻便當	

宇宙讀書會8月份活動通知

★舉辦時間：*103年8月9日（星期六）15:15至20:00*

★舉辦地點：不動產教育訓練中心

台北市忠孝東路四段60號8F(彩虹園大廈)

★交通及停車資訊：

建議盡量搭乘大眾運輸工具，板南或文湖線在捷運忠孝復興站三號出口右側巷子可達。

★導讀書目：蒲公英的微笑

★本月主席：蔡穎華、林英芳

★講師導讀：高順鎰博士

83年會長

★作者簡介：蔡志忠

漫畫哲學家、哲學漫畫家

★精彩內容：本書是蔡志忠65年來的人生感悟。他36歲以後不再切割生命去換取財富,您認為呢?

★活動流程：

時　　間	內　　　　容	執行單位
15：15~~15：30	報到聯誼	服務組
15：30~~15：40	會務報告/主席致詞	林會長/蔡穎華
15：40~~17：30	導讀 &會員雙向交流	高順鎰
17：30~~17：40	會長結語/活動預告	林嘉國會長
17：40~~20：00	移往後面巷子『加州陽光』	備有精緻套餐

****

注意事項：

- 會後移轉至後面左轉巷子『加州陽光』享用晚餐。

  地址:台北市大安路一段84巷4號

宇宙讀書會4月份活動通知

★舉辦時間：*103年04月22日（星期二）18:00至21:00*

★舉辦地點：不動產教育訓練中心

台北市忠孝東路四段60號8F(彩虹園大廈)

★交通及停車資訊：

建議盡量搭乘大眾運輸工具，板南或文湖線在捷運忠孝復興站三號出口右側巷子可達。

★導讀書目：富足世界不是夢：讓貧窮去逃亡吧！

★本月主席：林學賢、黃美瑛

★導讀方式：影音播放、會員讀後分享及雙向交流。

★作者簡介： 穆罕墨德．尤努斯（Muhammad Yunus ）

●諾貝爾和平獎得主

●紐約時報暢銷書《窮人的銀行家》作者

尤努斯是一位經濟學家，卻獲頒諾貝爾和平獎，他改造的資本主義，讓世界大同不再是夢，慈善事業不能治本，窮人要吃飯也要尊嚴，利潤極大已經失靈，良性企業革命創三贏！

尤努斯提出創造均富之道：

◎社會型企業與社會企業家精神－我們關心世界，關心彼此。如果做得到，人類會本能地想要讓同胞的生活更好。

◎創造另類機制來解決社會問題的開端，「窮人銀行」的誕生，破除傳統經濟學理論的眾多盲點之一－利潤極大化原則。

◎把微貸傳給需要者，復興傳統工藝，推廣創業精神，改善鄉村生計，為學子開創契機，讓鄉村和世界接軌，為鄉村帶來再生能源。

◎向貧窮宣戰，有效扶貧計畫，從信貸開始，慈善不能治本，邁向區域和平與發展。

◎開發雙贏局面－集眾人之資金，成就眾人之事業。

人人可以在社會型企業新天地中，發揮自己與生俱來的企業家精神，為自己、家人創造更豐富的資產。尤努斯教授給予窮人自助的力量。他帶給窮人的不是食物，而是比食物更重要、更基本的保障。

★名人推薦：

◎美國前總統卡特：具有真知灼見、強調實踐的穆罕默德．尤努斯，使祖國孟加拉與全世界上千萬人的生活獲得改善。

◎洛杉磯時報：尤努斯提出的概念，大幅地衝擊了第三世界國家…，由概念創始人親自執筆的無貧世界理論，對照美國式的依賴濟貧迷思，更能發人深省。

◎華盛頓郵報：社會型企業運用巧思，開創企業利益結合經濟發展的里程碑…尤努斯並不揚棄資本主義，他讓資本主義再啟蒙。

◎《財富雜誌》 雪莉．普拉索（Sheri Prasso）：諾貝爾和平獎得主穆罕默德．尤努斯，提出超越了微額貸款的社會型企業概念，以全新的方式，解決社會問題，從貧窮、污染、醫療照護到教育問題。他讓駕馭自由市場，解決貧窮、饑饉與不平等的問題，在孟加拉實現。尤努斯創辦葛拉敏銀行，提供開創性的金融服務，把極小額的錢借給窮人，尤其是婦女，讓她們做生意，帶領家庭脫離貧窮。而微額貸款在過去三十年已經傳遍全球各洲，造福了一億個家庭。本書細述作者如何發覺孟加拉窮人被資本社會排除根本點，巧妙運用微額貸款，讓窮鄉僻壤能與世界接軌，並與全球幾位高瞻遠矚的企業領袖合作，首創以社會目標為營運宗旨的社會型企業的過程。讓和平幸福世界從均富開始，尤努斯所擘畫的「美麗新世界」，正是昇華之後，具備人道精神的新資本主義。

★特別致謝：創會會長曾文龍先生長期提供讀書會專業場地。

★活動流程：

時　間	內　容	執　行　單　位
18：00~~19：20	報到聯誼及用餐(影片欣賞)	服務組
19：20~~19：30	會務報告/主席致詞	林會長家國先生
19：30~~20：40	主席導讀&會員交流分享	林學賢、黃美瑛主席
20：40~~21：00	會長結語/活動預告	林會長家國先生

****

注意事項：

1. 費用會員全免，會友每人400元(需預約備書及餐)或200元(需預約備餐、無書)。
2. 現場備有精緻餐盒，煩請出席者務必準時報到，以利備餐。另為提早備書，會友參加採預約報名方式！
3. 報名專線： 林學賢 0928-502619、02-27540350

-----------✂----------------------✂----------------------✂---------

TO：林學賢　FAX：27540409　出席回函

□會員＿＿＿＿＿報名參加本次讀書會活動，電話：＿＿＿＿＿＿＿＿(□葷□素)

□會友＿＿＿＿＿報名參加，請準備□書籍＿＿＿本　□僅用餐及聽講(□葷□素)

□會友＿＿＿＿＿報名參加，請準備□書籍＿＿＿本　□僅用餐及聽講(□葷□素)

□不克參加(會員無法出席煩請勾選回傳以利統計！)

參加人員簽名：＿＿＿＿＿＿＿＿＿　　年　　月　　日

宇宙讀書會10月份活動通知

★舉辦時間：*102年10月24日（星期四）18:00至21:00*

★舉辦地點：台北市大安區金山南路二段141巷1號
『曬•故事』藝文展演空間

★活動主題：詩文化週系列-『詩情畫意』朗詩趣

★本月講師：風球詩社社長廖亮羽小姐

★演講內容：長詩集《Dear L，我定然無法再是 一隻被追離開 又因你而折返的魚》導讀

★本月主席：陳貞彥、林學賢

★講師簡介：廖亮羽，花蓮人，華梵大學哲學研究所，風球詩社社長，風球出版社發行人，真理大學台灣文學系讀詩會指導老師。

★精采內容：

亮羽長詩集六大主題
「永恆」是意義與我的問題　是你對我的意義 無關時間的事
「絕望」我安撫你指尖終年的傷口　無解的命題
「追尋」一定是那灰燼後的一點純真　悸動著火光拼圖這旅程中的夢
「重生」在這個星球滅毀後　相信會有更好的事發生
「希望」如果走向明天的步履　依然相信明天
「真愛」而你依然是我的永恆　一如光

★活動流程：

時　間	內　容	執行單位
18：00~~19：00	報到聯誼、用餐及展覽導覽	服務組
19：00~~19：10	會務報告/講師介紹	蔡馥蔓/林學賢
19：10~~20：50	專題演講 &會員雙向交流	廖亮羽社長
20：50~~21：00	會長結語/活動預告	蔡馥蔓會長

****

注意事項：

宇宙讀書會 2012 年 3 月份例會

『健康生活・太極養生』專題演講

一、活動主題：現代人生活壓力大，三餐飲食不正常，導致各種疾病發生的年齡層逐漸下降。治療方式除了西方科學與臨床技術之外，自然醫學也開始受到重視。本課程搭配自然醫學的概念，說明學習武術對人體的好處，並提供簡易養生功法，讓大家隨時都能體驗健康生活。

二、活動主席：蔡馥蔓會長

三、活動時間：**2013 年 3 月 28 日（四）** 18：30 ~19：30 用餐；19：30 ~21：30 演講

四、活動地點：台北市金山南路二段 141 巷 1 號 B1 康青龍創意生活空間講演廳

五、報名費用：會員免費，非會員 800 元(眷屬無書者 500 元)

六、報名方式：1.網路報名：將填好之報名表寄至 lhh2tw@gmail.com

2.電話報名：林學賢　　0928502619　(02) 2754-0350

3.傳真報名：(02) 2754-0409

七、授課老師：李章智　老師

※經歷：世界傳統武術協會副主席暨武術九段
中國點穴整復協會理事暨整復師、美國自然醫學醫師

※現任：明日醫學基金會董事、行政院運動總會國家級國術教練
中華古傳陳式太極拳協會副理事長

****

報名表(請回傳 02-27540409)			
姓　　名		資　格	□會員　□非會員
服務單位		職　稱	
聯絡地址	□□□	費　用	□500 元 □800 元
聯絡電話	(公司) ＿＿—＿＿＿＿＿　(手機) ＿＿＿＿＿＿＿＿		
E-Mail			
出席狀況	□出席用餐及買書 □出席用餐不買書 □不出席請寄書 □素食		

宇宙讀書會2011年度7月份例會

一、　時　　間：100年7月20日(星期三)

下午6時~7時30分用餐

下午7時30分開始演講—雙向溝通

二、　地　　點：台北市松江路206號2樓

(御書園餐廳 電話：02-2567-5688 近民生東路行天宮捷運站)

三、　主　　席：陳貞彥建築師(資深前會長)

四、　專題演講：聶秀藻教授主講—開啟生命的活泉(請帶書本)並準備雙向研討議題

請宇宙讀書會的會友相約來相見歡，共同來開啟生命活泉的奧秘！

聯絡人：鄭國春會長 0927-192-329

蔡馥蔓(月琴)0939-199-925

中　華　民　國　1　0　0　年　7　月　1　5　日

宇宙讀書會5月份例會暨網路行銷講座活動通知

★舉辦時間：*100年5月21日（星期六）下午18:00至21:20*

★主辦單位：宇宙讀書會、台灣城鄉發展(股)公司、中華休憩樂活文創發展協會

★協辦單位：台灣好夥伴志業股份有限公司

★舉辦地點：台灣城鄉發展(股)公司訓練教室(台北市忠孝東路五段815號5樓)

★交通方式：自行開車-忠孝東路五段林口街旁公園地下停車場(30/h)，或搭乘大眾運輸工具-捷運板南線後山埤站下車後過馬路100公尺合庫銀行旁樓上

★導讀書目：網路集客力：從SEO到Facebook的行銷新方略

★導讀主席：林寶幸

★導讀方式：作者專題演講(會後簽書會-邀請作者為每位同學或書友簽名)

★作者簡介：邱煜庭

小黑，本名邱煜庭，不過還是習慣大家稱呼他為小黑，從28800數據機時代開始接觸網路，到高中時期正式誤入網路這個歧途，曾任MIS、網站業務、網路行銷企劃。中規中矩的SEO規劃者，擅長精準行銷及Facebook 行銷規劃，不過更喜歡分析有的沒有的。著有《網路集客力》一書（城邦集團出版），主要希望能夠推廣 Inbound Marketing 成為市場主流，以SEO觀念為重心，創造不一樣的網路行銷世代。

★作者經歷：

1999 雲度創意工作坊。

2004 福利創意工作室。

2008 小黑連續供墨行銷研究室。

2009 傑昇國際。

2010 菁英國際語言中心SEO。

★精采內容：

SEO的重點是要實現有效的轉換率，而在現在的Web 2.0、Web3.0轉變的市場中，傳統outbound式，不斷到外站投廣告、要連結的作法已經過時！

真正符合商務需求的SEO，是「Inbound」式的SEO，也就是「網路集客力」，讓你的客群真正進入你的網路圈，在你的網路圈中活動！要達到這樣的 目的，以SEO為起點，還必須搭配SMO（社群媒體優化）、UEO（使用者易用性優化），才能稱作完整的網路行銷策略。

而本書作者提出如何在「台灣市場」實作「網路集客」的方法，透過「產品網站」、「部落格」、「社群」三個群聚圈彼此連結的操作，讓你的客群可以在這個黃金三角關係中不斷迴游，形成穩固而高轉換率的目標客群效應。

★本書特色

2002 年宇宙不動產讀書會

四月份活動流程簡介

時　　間：91 年 4 月 30 日 (星期二)　16:00~22:00

地　　點：國立台灣師範大學體育館體育室 2 樓會議室

（台北市和平東路一段 162 號，正大門進入右轉步行 3 分鐘舊禮堂旁）

當日流程：請同學撥冗全程參與，更爲熱鬧。

16:00-18:00	游　泳	18:00-19:00	晚餐
19:00-21:00	讀書心得	21:00-22:00	KTV

會　　長：陳貞彥

主 持 人：羅敏慧、陳清祥

用　　書：策略九說（作者-政治大學管理學院院長 吳思華 教授）

引　　言：瞬息萬變、經緯萬端的時代，個人與企業的經營管理，何去何從？此刻對於 21 世紀經營管理策略之理論，進行分類理解、綜合思考，並提出個別及整體評論和見解，極具意義和價值。

動　　機：透過此一模式的思考和探索，將提昇對策略的定義、對策略的本質、對策略的運用，會有更具體的概念和方向。

目　　的：在掌握此等策略理論的優點與缺失，提出創新的架構，對於知識管理與知識經濟的實踐，貢獻更新、更好的價值取向。

每組對吳思華教授的楔子及概說都要進行了解。

說　　明：本次選用吳思華教授『策略九說』作爲研究探討對象，同學分成十組，分別對吳思華教授的十個章節進行理解與評論，達到集思廣益之效，切磋學習成長、分享心得。

辦　　法：每組可以有 8 分鐘的發表時間，讓大家分享貴組的讀書心得，最後由各組推派組長代表該組對本次讀書活動進行總結，並提出新的思考與應用，提昇全體同學對於個人經營與企業經營的整體思惟和展望。

第一章　價值說

第一組 曾文龍、呂毓卿、施振釗

第二章　效率說

第二組　陳貞彥、王妃湘、廖文政

第三章　資源說

第三組　張芳寧、游家昌、林淑芬

第四章　結構說

第四組　廖學興、林寶幸、梁蘅芳

第五章　競局說

第五組　蔡秀美、陳和睦、顏永雄

第六章　統治說

第六組　蔡素瑛、張慧滿、黃淵蓬

第七章　互賴說

第七組　蔡月琴、湯　英、俞自強

第八章　風險說

第八組　王慧玲、曾義銓

第九章　生態說

第九組　吳文良、謝志皇

第十章　策略規劃的動態說

第十組　陳春塗、羅淑芬

"caliber"
<caliber@ms10.hinet.net>

2007/06/29 下午 02:31

To "caliber" <caliber@ms10.hinet.net>
cc
bcc
Subject 7/14(六)讀書會活動預告

History: This message has been replied to and forwarded.

宇宙讀書會7月份活動預告

慢活？快活？總之好好活！

拿到書不久，讀書會大老們關愛的電話就三不五時的響起了！可是，可是這次讀的是「慢活」耶，其中**當然也包括「慢讀」**啊！作者Carl Honore說得真對，現代人熱愛速度，因此都罹患了「時間病」！

曾有人訪問《慢活》的主編，為何會在這凡事追求快的社會中，出版這本書？他說：「其實一開始是被書名(In Praise of Slow)所吸引的，覺得這是什麼時代了，作者到底用什麼樣的角度來看slow這個字，尤其『慢』早已被污名化，看到『慢』，就直覺想到遲緩、懶散，但居然有一本書在讚美『慢』？看了書的內容，發現它的主題滿有趣，作者從不同面向談緩慢的生活態度，也從中發現，**慢活其實是一種身體和心理隱藏的需求。**」

於是慢活？快活？答案在於如何看待時間本身！

在這本多元論述的書裡，我有些保留的看法，認為目前在台灣：慢活很難、慢療也很難，除非整個社會能擺脫工作環境、老闆、職場等他者的主控與牽制，除非這個社會已先達到慢工與慢市的體質改變。

不過可喜的是，我們還是可以從個人的、私領域的部份切入，**我們可以在飲食、運動、性愛、休閒及教養下一代方面，增加一種慢的**

可能！

特別是書中「慢閒」的單元裡提到：讀書會吸引的是工作繁忙又想找一個有意義的方式來紓解壓力 進行社交的專業人士！有趣，我們讀書會不正是這個族群嗎？以讀書會的熟齡成員們來說，享受慢食、放心慢工、學習慢性、好好慢閒～～正可以身體力行！

這次的讀書會就率先**響應慢食風**，讓與會來賓在優雅舒適的環境裡，帶著節奏的速度，細嚼慢嚥飲食之美。歡迎您來！

※※※※※※※※※※※※※※※※※※※※※※※※※※※※※
※※※※※※※※※※※※※※※※※※※※

主席：周而立、王妃緗 (代)
閱讀：In Praise of Slow 慢活
時間：7/14(六)
11:30~12:30心得分享
12:30~14:00用餐到飽....
地點：北市羅斯福路四段83號台大立德飯店2樓餐廳
電話：(02) 23645319

※ 來賓費用：300 元(用餐)、550元(書+用餐)

"caliber"
<caliber@ms10.hinet.net>
2005/03/25 上午 11:47

To <caliber@ms10.hinet.net>
cc
bcc
Subject 3/29讀書會通告~~,

2005不動產・宇宙讀書會3月活動

春天，終於看見～『蝴蝶的舞步』！

王蝶，好久不見！

2001年5月，王蝶出版第一本書《在台北飛翔的蝴蝶》。
同年8月，旋及應邀參加讀書會座談。

當時作者就已透露：寫作已接近收尾階段的第二本文集**『蝴蝶的舞步』**將發揮中文系的底子，展現文字魔力，應屬純文學創作。果然，展閱『蝴蝶的舞步』一書，每篇均是報紙版面認證過的文章，但是卻遲至2005年才正式落版出書。不禁令人好奇，作者的人生又經歷了何種起伏？

王蝶，本名。
台大中文系畢業、景文高中國中老師，因為一篇旅遊文章引起注意，轉戰旅遊雜誌界，一做16年。
運動習慣24年如一日，53歲成為國內韻律舞蹈錄影帶示範教學最高齡代言人！
48歲一圓學舞的願望，舞動起國際標準舞的肢體，曼妙處，連年輕人都鼓掌叫好。
49歲自我推薦，成為芝麻街美語的老師，打破40歲以上不錄用的規定，一做三年。
她的個性：做任何事情，都全力以赴，即使不起眼的小事，也力求盡心盡力。是一個非常坦誠、包容力大的人，也是她自己最喜歡自己的地方。

有別於第一本的平常女性的生活寫實路線，第二本『蝴蝶的舞步』則是以虛掩實、以實擬虛的風格，讓讀者墜入文字編織的情境中，與她同步一場心靈的漫舞。

這一次的閱讀分享，王蝶仍將熱情出席！
想一睹她更圓融、更迷人的風采嗎？千萬別錯過了！

2001年即已預言：第三本書一定要為國內優秀領隊們而寫。相信不只是我們，所有旅遊界的朋友們，都將引頸期盼它的完成，祝福她，不要遲到了！

主席：羅敏慧
讀書：《蝴蝶的舞步》 特別來賓：王蝶
時間：94年3月29日（星期二）晚6:30--9:30
地點：蘭庭咖啡　台北市南京東路3段89巷5號之3（TEL:2516-8395）
非會友出席，每位酌收400元

美食套餐(1)三杯雞或麻油雞 (2)南瓜控肉 (3)香酥鯧魚，請於/28(中午前)確認。

3月王蝶.doc

2004 宇宙讀書會 4 月活動(延後)

在生死間探索，在大霧裡追尋……

歷史是張薄薄的紙，是短短的兩三行字，甚至，是一片空白！
歷史可能是黑、可能是白，也可能是，不黑不白！
原來，誰掌控了解釋權，歷史就有不同的被詮釋觀點！

歷史以正式的文字記載，成爲史料，那是史學家的事！
現代人讀史嗎？特別是與自己成長歷程脈動無深刻關係的歷史事件？
於是乎，影像或圖像或戲劇或電影的多媒介興起，活潑了表達工具與閱聽接收的親民性格！創作者也有了自己對事件再解讀的觀點！
「霧社事件」就是一樁曾是禁忌、也沒有自主觀點的歷史事件；也是一件可能永遠消失、就只能被外權粗暴論述的事件！

回到正在閱讀的歷史漫畫「霧社事件」，如果細究邱若龍的這部 270 頁的作品，透過構圖安排、人物表情、以及故事情節，其實它已是被簡約化或二分法的壓縮了！或許是出資者(台灣原住民文教基金會)的角度使然，也或許是漫畫本身的侷限性，但是讀者仍可以欣賞到屬於賽德克族勇士們粗獷剛毅的肌理筆觸，以及充滿戲劇張力的人物出場鋪陳！

藝術工作者總是能敏銳於事件中的人性衝突與時代悲憫，從更聚焦的凝視中，發現了亙古不變的價值與追尋！於是，我們看到了~~
1990 年 歷經 5 年田野調查，**漫畫家邱若龍**完成台灣歷史漫畫「霧社事件」
1997 年 香港回歸大陸，觸動**導演魏德聖**想到了「霧社事件」
2000 年 魏德聖的「霧社事件」獲電影長片優良劇本獎
2001 年 小林善紀的「台灣論」引起社會嘩然、邱若龍「霧社事件」再版
2003 年 魏德聖以 200 萬拍製 5 分鐘短片「賽德克巴萊」向社會募資
2004 年 公視「風中緋櫻」2 月首播
本月份讀書會就特別邀請到~~
‧台灣歷史漫畫作者「霧社事件」，後來也成爲賽德克族女婿的邱若龍先生
‧曾任「雙瞳」副導、以 200 萬拍製 5 分鐘短片震驚影視圈的導演魏德聖
兩位作者的跨界對談，在台北國際藝術村精彩撞擊、歡迎您加入說與聽的陣容！

主席：林淑芬、周振亨 / 閱讀：台灣歷史漫畫「霧社事件」
時間：93 年 5 月 8 日(星期六 13：30--17：00) 費用：非會員來賓 400 元
活動流程：13:30~14:00 入場報到
14:00~15:30 讀書會座談
15:30~16:00 中場休息（下午茶+點心）
16:00~17:00 會友交流（新成員介紹及會友交流時間）
地點：台北市北平東路七號 北國際藝術村 2 樓游藝廳 (捷運藍線善導寺 2 號出口)

10 月份 宇宙讀書會邀請函

親愛的讀書會同學：

請大家踴躍參加 10 月份活動。

講座：高順鎰博士—金錢與人生（參考書籍『人生下半場』）

主席：呂毓卿・王琦樺

時間：92 年 10 月 31 日 (星期五) 下午 6:30 起~ 9:30

時間	活動內容
18:30~19:15	餐敘
19:15~19:30	主席/會長致詞
19:30~20:50	講座時間：高順鎰博士
20:50~21:10	問答交流
21:10~21:30	下月活動預告及會務報告

地點：莫尼卡餐廳 3 樓(台北市重慶南路一段 71 號，近重慶南路武昌街口)
開車可停中山堂地下停車場或台北火車站地下停車場

電話：2383-1380

- 凡出席本次活動者、將致贈每位價值 1 萬元之故宮圖書禮券，機會十分難得，歡迎邀伴參加。
- 來賓另酌收費用 300 元！(10 月 29 日星期三前截止報名，請與王琦樺(02-27133998)或湯英(02-23679813/0935-236449)聯繫。
- **當日晚餐主菜選項: A.香烤雞腿排　B.咖哩燉豬排
C.鹽烤鮭魚排　D.博根地燉牛肉**

10 月主席呂毓卿・王琦樺敬邀

金錢與人生:「人生下半場」

五年前結束百場演講之後，高博士潛心於城市細縫中，靜觀修行不惑的智慧。
這一次特邀蒞會座談『金錢與人生』。
為什麼在中場時刻，他要談的是 **Money & Life**？
35~55 歲是高博士認為的中場時刻。在人生的中場時刻，您可以把高博士當作是那個會把毛巾丟給您，然後幫您釐清目標、並鼓勵您全力以赴的教練！
10 月 31 日 回歸讀書的本質、尋找命題的解答，歡迎您來與高博士交流！

「人生下半場」這本書說:『如果終場時輸了，上半場得高分又何用？』是啊，很有道理，像興農牛和兄弟象的總冠軍賽。『上半場追求成功，下半場應該追求意義！』是啊，要先成功，才來追求所謂的意義！也許您還在上半場的圈子內打轉，或者剛好來到了中場時刻！對於追逐的目標、成功的定義、或是人生的盲點，在此刻，下半場還未開打之前，若有人在場外點醒您一下，也許您會柳暗花明、豁然開朗！

2003 宇宙讀書會 10 月活動

關鍵的中場時刻

好吧，人生就像一場球賽，總有中場休息的時候！
如果您是個求勝的參賽者，您會趁此時刻，檢討上半場的得失吧！

人生的上半場，大家的條件都差不多，努力拼的不外乎是學業家庭或職位與財富，您的表現讓自己滿意嗎？若說是競賽，您又會是哪一型的選手呢？

「**人生下半場**」這本書說：『如果終場時輸了，上半場得高分又何用？』是啊，很有道理，像興農牛和兄弟象的總冠軍賽。書上又說：『上半場追求成功，下半場應該追求意義！』是啊，要先成功，才來追求所謂的意義！問題是，上半場拼的你死我活，真的能得到漂亮分數的，好像也沒幾個人吧？那怎麼辦？

還好還好，也許您還在上半場的圈子內打轉，或者剛好來到了中場時刻！對於追逐的目標、成功的定義、或是人生的盲點，在此刻，下半場還未開打之前，若有人在場外點醒您一下，也許您會柳暗花明、豁然開朗！

配合本月「**人生下半場**」一書的閱讀，資深會友高順鎰博士也將以自己的人生體會，誠懇與您分享生命中的各種價值，他認爲：價值沒有對錯只是選擇不同而已，而且鼓勵每個人勇於實踐自己奉行的信念，並且放鬆自己的身段。

五年前結束百場演講之後，高博士潛心於城市細縫中，靜觀修行不惑的智慧。
這一次特邀蒞會座談『金錢與人生』。
爲什麼在中場時刻，他要談的是 **Money & Life**？
35~55 歲是高博士認爲的中場時刻。在人生的中場時刻，您可以把高博士當作是那個會把毛巾丟給您，然後幫您釐清目標、並鼓勵您全力以赴的教練！
10 月 31 日 回歸讀書的本質、尋找命題的解答，歡迎您來與高博士交流！

主席：呂毓卿・王琦樺

講座：高順鎰博士—金錢與人生 (參考書籍『人生下半場』)

時間：92 年 10 月 31 日 (星期五) 下午 6:30 起~ 9:30

地點：莫尼卡餐廳 3 樓(台北市重慶南路一段 71 號)

※凡出席本次活動者、將致贈每位價值 1 萬元之故宮圖書禮券，機會十分難得，歡迎邀伴參加。來賓另酌收費用 300 元！(10 月 28 日前截止報名)

2002不動產・宇宙讀書會9月活動

一場價值？的聚會！

巴掌溪事件發生，邱強不在，所以阿扁政府被罵得臭頭！
墾丁外海污染事件，邱強沒來，所以環保局長黯然走人！
軍機墜毀哪個地方沒死人，邱強沒有教，蔣仲苓一句話就被輿論口水吐槽！
無論是政府團隊或官員個人，若不知當政小心、宦途多舛，如果沒有危機意識，就只有慘遭無情淘汰與人心叛變！

邱強是誰？是神嗎？是無敵鐵金剛嗎？邱強是一位曾在台灣受教育、唸完清大核工的中國人。他的超能力如何？在您所閱讀的『危機處理聖經』一書裡，記載得明明白白。

讀完本書，您是否會好奇——

- 危機的預防與處理，爲什麼可以數據化分析？
- 危機處理公司需要什麼樣的頂尖好手？其組織與編制如何？爲什麼可以接迪士尼、可口可樂、微軟，企業屬性大不同的案子？
- 危機處理公司在什麼情況下，會拒接業務？在接下案子之後，哪些原因，可能會導致危機處理失敗？
- 危機處理公司可能幫執政的扁政府處理危機的同時，也幫在野的國民黨處理幾近崩盤的危機嗎？
- 做好公關可以化解企業危機嗎？危機處理與公共關係的互動關係如何？
- 危機處理是需要付出高代價，同樣，也可以獲得高報酬的行業嗎？
- 可以做到政府或企業個人的危機處理，人質綁架的危機處理做得到嗎？

對曹啓泰而言，他是以總累積高達一億六千萬元的無數次人生挫敗經驗，換來一堂終生受用的課！
而對能參加這次由邱強國際公司副總裁出席讀書會的會友們而言，其收獲，應該是預防一億六千萬元損失風險的發生機率吧！

本次活動非常難得，特別歡迎金融界與一般企業主，交換不景氣之危機預防與處理對策！

主席：湯 英

特別來賓：邱強國際危機處理公司台灣辦事處 副總裁 蘇海德

時間：91年9月26日(星期四) 下午 **6:30起～9:30**

地點：師大體育館體育室2樓會議室 (台北市和平東路一段162號)

※機會難得，歡迎踴躍邀伴參加，酌收場地服務費200元！

2002 不動產・宇宙讀書會 8 月活動

記者的心眼、文藝的手筆

看遊記或旅行書，最有趣的辯證是：
這些地方我也去過，爲什麼，我卻沒有發現作者所發現的呢？
或者是，我也看見了作者所看見的，爲什麼，我卻寫不出如作者一般的文章呢？差別到底在哪兒呢？
讀過蔡文怡的書寫之後，終於可以解開心中大問。

蔡文怡—
一位受過新聞工作訓練又喜好文藝寫作的女子，以心體會、以眼靜觀，見一般人之所見是當然，不斷發覺新的角度另闢觀點，才更是令人驚豔！
本書鎖定歐洲各重要博物館爲報導對象，除了以基礎的知識背景做鋪陳簡介外，作者以身遊走、以情臨摩，其私房賞析，再再都呈現當地風物的人情與景致之美。

即使讀者無法出遊，亦可於書中徜徉遐思一番；再不然，甚至丟了書本，乾脆親臨作者筆下之境，那才是最特別的摩法書呢。

讀書會會友之中，亦不乏酷愛旅遊出走的玩家。
各有不同的目的、不同的心得與不同的收穫。
這次跳開文字照片，能與「藝術之都、夢幻之旅」的作者蔡文怡面對面，分享彼此的私密經驗，想來應是酷暑天裡，最愉悅的逃避了！期待您的光臨！

主席：蔡秀美、施振釗
讀書：《藝術之鄉、夢幻之旅》 蔡文怡 著
時間：91 年 8 月 20 日 (星期二) 晚 6:30~9:30
地點：會長陳貞彥建築師 家中
台北市新生南路一段 97 巷 40 號 2F **(0910-457-698)**
※因場地關係，本次活動暫不對外開放！

Happy 2001 不動產・宇宙讀書會 8 月活動

未曾迷路之蝴蝶飛行意外事件！

王蝶，本名。

台大中文系畢業、景文高中國中老師，因為一篇旅遊文章引起注意，轉戰旅遊雜誌界，一做 12 年。

運動習慣 20 年如一日，53 歲成為國內韻律舞蹈錄影帶示範教學最高齡代言人！

48 歲一圓學舞的願望，舞動起國際標準舞的肢體，曼妙處，連年輕人都鼓掌叫好。

49 歲自我推薦，成為芝麻街美語的老師，打破 40 歲以上不錄用的規定，一做三年。

寫自己的生活就是自己的生活，即使小如：蘋果不吃不可以、考核美容院再修煩惱絲，打理衣飾也要管理等等，尋常女性的家常話題，都誠誠懇懇娓娓道來。

喜歡一大家子人出國旅遊，張羅行程不嫌煩，因為可以將倫理長幼、人際互動的生活教育融入當中。

《在台北飛翔的蝴蝶》是她的第一本書！(『婆婆媽媽生活館』是曾被作者和阿盛討論過的書名之一。) 第一本文集從生活出發、已接近收尾階段的第二本文集『蝴蝶的舞步』將發揮中文系的底子，展現文字魔力，純文學創作。以為就此封筆、枯竭，沒想到一位領隊的一句話，又興起，第三本書一定要為國內優秀領隊們而寫的計畫。(實際上，以她的資歷與素養，為領隊們塑像，真是不二人選。)

做任何事情，都全力以赴，即使不起眼的小事，也力求盡心盡力。

非常滿意目前的自己：心如明鏡、通透澄澈，即使面對困境也能容易的跳脫出來。

是一個非常坦誠、包容力大的人，也是自己最喜歡自己的地方。

王蝶認為：一般人都把生活看得太大，其實好好的善待自己、珍惜自己，從生活中隨手可得的、小小的滿足與歡喜，就可以累積出厚實的快樂。

了然於女性主義者會拋出的問題：為什麼婚姻的結束，檢討的總是女性？她不認為這有什麼，她就是一個經常反觀自省的女人。

不諱言目前正在適應空巢期的人生，但是自得自在的心境、充實的生活安排，不斷的學習，活力四射、真正好好。

不禁好奇：如果不是因為再度單身，蝴蝶可以飛得如此耀眼自信、如此自我嗎？

8/28，人文空間，蝴蝶翩然飛至，歡迎您來與王蝶面對面，加入游泳、有氧、塑身、旅遊、寫作、跳舞、動靜皆宜的開放聊天室！

主席：王妃緗、謝志皇

讀書：《在台北飛翔的蝴蝶》

時間：90 年 8 月 28 日 (星期二) 晚 6:30~9:30

地點：93 巷人文空間　台北市松江路 93 巷 2 號 1F (天下出版社)

非會友出席酌收 399 元

美食套餐(1)香菇燉嫩雞(2)黑胡椒牛柳(3)義大利肉醬麵，請於 8/26 前確認餐別。

Happy 2001 不動產・宇宙讀書會 7 月活動

一句話，不一定能反敗爲勝！
卻有可能立於不敗！

這是一本取巧的書！

就如同書市裡，名人給兒女的 100 封信、老闆給員工的 100 個忠告、名人的 100 封求愛信等等企劃案。

如果，真要走訪書中這一百家企業，人力時間物力絕對可觀，個人要讀遍 100 個企業家傳記，也不可能，於是編輯群幫讀者過濾，以「名言解讀」加「企業小檔案」編輯方式，易於速食閱讀。

『一句話反敗爲勝』2001 年 3 月初版。

時值台灣政局混亂，經濟大幅衰退之際，企業或個人如何因應自保，成爲高關心課題。

日本的景氣蕭條遠比台灣發生的又早又猛，日本 **A 級企業研究所編著**的這本書，在企劃之初，敏銳社會變遷及市場心理，透過書籍與網路的大量閱讀，摘出他們評比爲值得分享的企業 100 句重要名言。

這本書的讀者群應該不是大型企業的負責人，反而是自行創業、初掌權位的小老闆或一般的上班族吧，於是當我們以此自我關照，並檢核自己所處的職場時，不知是否能有全新逆轉的領悟？

值此不景氣時代，透視經營的智慧，也如同重新透視自己，

重新確認企業的優勢或個人的優勢，重新發覺新的契機，這一步，你就先立於不敗了。

除了書中編輯的這一百句，也許你也曾蒐集到書中人物其他很棒的嘉言，不妨也來分享。而這本書的誕生，是否也給不同的人一些商機靈感呢？

主席：林寶幸、呂毓卿

讀書：《一句話反敗爲勝》

時間：90 年 7 月 26 日 (星期四) 晚 6:30~9:30

地點：米蘭咖啡館　TEL：2717-2848

台北市興安街 222 號(中泰飯店後面)

可由 民生東路三段西華飯店對面 130 巷入或復興北路興安街入

非會友出席酌收 250 元

美食套餐(1)海陸雙拼(2)醬爆牛小排(3)無骨雞腿(4)香煎豬排(5)特級白鯧魚

請於 7/25 前確認餐別

Happy 2001 不動產・宇宙讀書會 5 月活動

重新發掘 蔬果養生的自然奧秘

(1)經過農藥污染之後的蔬果，仍然可以發揮它原有的生命能量嗎？
(2)以有機方式栽培而成的蔬果，是否養生價值更高？
(3)若單純僅食用蔬果而已，未與中藥搭配，其效果差異如何？
(4)蔬果富含多種維生素，但久經熱煮則易遭破壞，是否本書看重的是其中所含的微量元素效用更大？
(5)如果中年保健以全食蔬果(素食) 取代動物性食物，妥切嗎？
(6)一般果菜汁(蔬果綜合體)能提供的，僅有綜合維他命 ABCD 等等嗎？
(7)精力湯是否正是集蔬果五穀等物精華的最佳養生飲料？

好了，這是我想向作者提的問題，您的呢？
或者，您對本書或作者的專業領域有其他更多的好奇，請不要錯過這次與作者 陳旺全醫師面對面交換心得的好機會！

主席：蔡素瑛、曾義銓
讀書：《蔬果養生宜忌》
特別來賓：作者 陳旺全醫師
時間：90 年 5 月 28 日 (星期 一) 晚 6:30~9:30
地點：何首烏皇帝雞藥膳餐廳　TEL：2740-0979
台北市忠孝東路 4 段 146 巷 1 號(近亞太飯店後面)
※捷運板南線 忠孝敦化站 5 號出口
※非會友出席酌收費用 500 元

特別報告

資深會友吳文良因日前遭逢母喪，故無法出席本次例會。
僅藉此一隅，告知諸位老友：6/9(星期六) 9:00AM 吳老夫人將在第一殯儀館(民權東路 榮星花園旁) 懷德廳 舉行公祭。
現場收付處備有：吳老夫人點點滴滴的一生回憶及家人對母親的深情懷念。
若會友得以撥冗前往祝禱，不勝感謝之至。
如果方便，請給文良一個問候，並關心是否有可協助之處？謝謝您！

Happy 2001 不動產・[illegible]讀書會 4 月活動

讀完書，發覺—
您們都是能勝任自己的人！

時代在變、社會在變、個人生活的態度與能力，最好也要跟著提昇與轉變。
您能勝任自己的生活，您就能無懼於未來。

從「發展自尊、面對現實和學習自律」三個方向著手，培養良好的自我功能許多情緒上的問題，生活適應上的困難，乃至精神上的沮喪，都將追溯到「尊」這個核心課題上。

因此，培養健康的自尊，讓自己有能力選擇和判斷，有信心面對各種差異而不迷失，有樂觀的態度去承受生活的緊張和資訊焦慮，是面對新世紀生活有的準備。自尊愈健康，愈能待人以尊重、仁慈、善意及公正。
以上所言，出自「勝任自己」一書。

而我真正要說的是，您最近好嗎？
對於讀書會的會友們來說，以您們的閱歷和人生，我相信您們早有自己的生活哲學與對自己的掌握，您們也都各有可以分享於我們的主張與見解！
我所見識到的，正是鄭石岩書中所論及的，極具健康自尊、皆能勝任自己的您們！

春塗說：第一只有一個，我們每一個人卻都是唯一。
不追求第一，自我明心見性最重要！
臨波不驚，是身處江河亂流時的安然篤定。
若不是知己甚明，怎可做到不慌不懼？
所以我相信，
您們一直都很好！

主席：陳春塗、蔡月琴
讀書：《勝任自己》
時間：90 年 4 月 24 日(星期二) 晚 6:30~9:30
地點：田牧館餐廳 (TEL：8771-6982)
台北市忠孝東路 4 段 208-1 號 1F(明曜百貨後面巷內左側)
※捷運板南線忠孝敦化站 4 號出口

[illegible] (1)[illegible](2)[illegible](3)[illegible]牛肉？ 4/23 [illegible]

Happy 2001 不動產・宇宙讀書會 3 月活動

陳水扁、張俊雄、林信義都應該看的一本書！

因爲

身爲國家領導人 必須提出國家未來願景
身爲最高首長 必須建立社會機制與秩序
身爲經濟部長 必須提昇整體經濟發展活力

因爲

這一年 我們感受到了向下沉淪的無可奈何

基於知識而打造出來的經濟，即是『知識經濟』

比爾蓋茲是全世界最有錢的人，他名下沒有任何有形的資源
他沒有土地、黃金、石油、工廠、工業製程、也沒有軍隊
他擁有的是 knowledge

社會如何重組，才能創造一個能夠致富的知識環境？
如何使企業家求新求變，創造財富？
知識如何創造財富？需要何種技術？
自然及環境資源如何應用在知識經濟上，才能相得益彰？
如何運用知識爲個人企業及社會打造全新的財富金字塔？
想在知識經濟裡功成名就，就得回答上述問題！

那麼，各位，您現在所從事的—
不動產業的知識經濟在那裡？
保險業的知識經濟又是什麼？
金融業呢？多層次傳銷呢？一般貿易呢？

在合併或併購、在異業結盟或策略聯盟的手段裡，
企業不斷變身、財富不斷洗牌。
無法掌握局勢變遷、未及思考知識能量者，
終將中箭落馬、惶惶不可終日。

主席：羅敏慧、陳清祥
讀書：《知識經濟時代》
時間：90 年 3 月 27 日(星期二) 晚 6:30~9:30
地點：田牧館餐廳 (TEL：8771-6982)
台北市忠孝東路 4 段 208-1 號 1F(明曜百貨後面巷內左側)
※捷運板南線忠孝敦化站 4 號出口

[illegible]

MAGIC 2000 不動產・宇宙讀書會 10 月份活動

獻給一試圖保護自己
免遭藥品中毒意外的人們！

藥品與藥品食品的交互作用

交互作用不只是發生在藥品與藥品之間還會發生在食物與藥品之間無論是藥品或食物它們相遇的地方可能是在腸胃道或是進入身體裡面以後例如血液或組織器官

當藥物或食品相遇的時候就好像人與人相遇有生存空間競爭的問題也有個性相容或衝突的問題必須彼此或經由第三者來協調

藥品與食物之間的相互影響可以靠錯開服用時間或彼此調整劑量的方式來克服

嚴重的時候就必須一路避開讓它們沒有相遇的機會這些處置是專業的一定要仰賴醫師或藥師來幫忙

10 月讀書：不再吃錯藥

10 月主席：王慧玲

時間：2000 年 10 月 31 日 (星期二) 18:30 PM 起

地點：星際帝國 台北市八德路 3 段 219 號 3F

捌

最近 20 年的部分心得與火花（三）

不同地點　不同樂趣

2003 不動產・宇宙讀書會 4 月活動

攤在陽光下的人生
紀政，謝謝您！

不論是哪個世代，幾乎大家都認得紀政、都喊的出她的名字！
因爲她一直活躍在我們的生活周遭，甚至更早，早在我們年幼的記憶裡！

但是，我們都真的認識她嗎？
我們從什麼小道消息來認識她？還是從什麼社會新聞來認識她？

透過「永遠向前」這一本書、透過她以 60 歲換來的人生經歷，
她向我們展現，她的這一生是可以被攤在陽光下，看的透徹的。
陽光下，有可說可談可議可論之處，背光的陰暗，也是可以坦然明白的！
而人生所有的遭遇，只不過就是如泅泳渡河般，
流水逆來不斷，端憑勇氣與信心通過而已！

紀政，一個似乎永遠都在跑步的女人。
出書曾讓她不安，難道一個人會跑會跳，就値得出傳記了嗎？
而她最後終於謙虛的認爲，讓身處深淵者看到一點微光吧！

即使不在深淵處，
也能感受到質樸的心靈是多麼動人、毅力與勇氣又是多麼可貴！
Money lost,something loss.Love lost,a great deal lost. Courage lost.all is lost.

四月份讀書會特別來賓，
請讓我們以掌聲歡迎 —紀政女士！

主席：陳和睦教授、謝忠達先生

時間：92 年 4 月 24 日 (星期四)
下午 4:30 起游泳 ・6:30 起用餐 ・7:00 準時演講

地點：師大體育館體育室 2 樓會議室
台北市和平東東路一段 162 號 (正大門入右轉、步行 3 分鐘舊禮堂旁)
※歡迎踴躍邀伴參加，酌收場地服務費 200 元！**(會後卡拉 OK 聯歡)**

報導文學獎得主，7月伴遊趣！

作家陳銘磻，帶您走訪他筆下的有情部落，讓您感受—
文字編織與大塊自然之間、抒情與寫實之間的交融意象！
究竟是您探訪了作者的心靈，或是您也創造了自我的感官體驗？

當旅遊蔚為風氣、旅遊指南成為出版的顯學，於是各式人馬紛紛往返於異國異地；人人皆可振筆疾書，以搜尋並記錄的角度，提供景點相關的吃喝玩樂簡訊。究竟旅遊文字可不可細膩講究，最終還原成一種文學的範本呢？

在如此多樣而詭譎的出版年代、當報導文學曾經盛極一時、當一名四年級的資深作家終於拔出他的那把番刀、跳入旅遊書寫的市場，我們終於慶幸：報導文學不死、文字的靈魂不死。

資深作家其對萬物有所觸動的深情與自在的能力，仍是如此優雅與充滿靈動之美。山川若有情、作者先有情；情景相交融，虛實更迭，以心相待，物我已兩兩相忘。於是，我們彷彿走進紅塵不擾的尖石、彷彿走入夢幻部落的電影裡---

想滲入作者當下的感動嗎？還是想擁有屬於自己的感動呢？
7 月，歡迎與作家陳銘磻一同出遊！

尖石夢部落人文之旅 (7/19 活動行程表)

07：40 中正紀念堂大孝門門口集合
08：00 準時出發 (車行北二高經竹東、到尖石)
09：00 車過北角吊橋與尖石巖進入錦屏村部落
09：30 經陽具公園到錦屏大橋聽看泰雅原住民的歷史
10：30 那羅溪畔走那羅文學步道（六位作家描寫關於尖石的文學碑：吳念真、劉克襄、古蒙仁、蔡素芬、林文義、陳銘磻）
11：00 從五部落吊橋、錦屏國小、參訪官有生薰衣草園、賞山景
11：30 那羅部落喜嵐田園餐廳泰雅午餐
13：00 經那羅部落前往宇老觀景台賞連綿山脈
15：30 從宇老鞍部經道下到小錦屏亞山溫泉泡湯
18：00 內灣小鎮客家晚餐賞夜景
19：30 返回台北快樂家

---

7 月主辦：陳貞彥、郭信男
活動時間：2003 年 7 月 19 日（星期六）
意者請於 7/10 匯款至：上海銀行敦南分行 5520-30000-42008 王妃緗帳戶
收費：會員 800 元、小孩 800 元、來賓 1500 元
活動聯絡人：陳貞彥（0910-457-698）郭信男（0933-058-826）

尖石夢部落人文之旅

主　　題：得見尖石青山綠水與點點營火，自覺撞進寧靜與空茫的心靈世界，從而躍越塵封，找著世外桃源般的自性。

主　　辦：宇宙讀書會7月份陳貞彥主席與郭信男主席。

講　　師：陳銘磻先生（作家）。

活動時間：2003年7月19日（星期六）（一日遊）

活動地點：新竹縣尖石鄉屏村那羅部落（作家吳念真電影『老師、斯卡也達』的靈感地、古蒙仁『黑色的部落』、陳銘磻『出草』、『最後一把番刀』、『尖石櫻花落』的報導文學作品景點與靈感。宇老鞍部、橫山鄉內灣小鎮）。

報名地點：陳貞彥主席（0910-457-698）
郭信男主席（0933-058-826）

活　動　行　程　表

07：40 中正紀念堂大孝門門口（**08：00** 準時出發，車行北二高經竹東、橫山、到尖石）

09：00 車過北角吊橋與尖石巖進入錦屏村部落

09：30 經陽具公園到錦屏大橋聽看泰雅原住民的歷史

10：30 那羅溪畔走那羅文學步道（六位作家描寫關於尖石的文學碑：吳念真、劉克襄、古蒙仁、蔡素芬、林文義、陳銘磻）

11：00 從五部落吊橋、錦屏國小、參訪官有生薰衣草園、賞山景

11：30 那羅部落喜嵐田園餐廳泰雅午餐

13：00 經那羅部落前往與老觀景台賞連綿山脈

15：30 從宇老鞍部經道下到小錦屏亞山溫泉泡湯

18：00 內灣小鎮客家晚餐賞夜景

19：30 返回台北快樂家

【講師介紹】

陳銘磻，台灣新竹市出生，世界新聞專校廣播電視科

資歷：新竹縣尖石鄉錦屏國小教師、玉峰國小教師、新竹縣湖口鄉中興國小。
中廣電台廣播節目主持人。
與陳姣眉教授聯合主持台視「書香」節目
與吳念真、林清玄聯合擔任中央電影公司電影「香火」編劇
「老爺財富」編輯、「佳佳月刊」總編輯、「愛書人」雜誌總編輯。
曾以「最後一把番刀」一文或中國時報第一界報導文學優等獎
政大、輔大報導文學客座講師
號角出版社、旺角出版社發行人、耕莘寫作會主任導師、耕莘暑期寫作班班主任、耕莘編採研習班班導、救國團大專編研營駐隊導師
「情話」、「軍中校話」、「尖石櫻花落」曾入選金石堂暢銷書排行榜
「報告班長」、「部落、斯卡也答」電影原著

現職：台北市人類價值教育學會理事、森學苑人文講堂執行長、、「TNT」電台節目主持人、專職寫作

2003 宇宙讀書會 7 月(叮嚀篇)

報告：本梯次 68 名，全員集合！
7/19(六)尖石文學之旅，即將出發！

給大家的行前叮嚀~

・準備短褲、泳衣、大毛巾、拖鞋或涼鞋，泡湯好用。
・見到知名作家出現、切勿像小學生般，嚷著簽名。
・鄉長親自出迎、全員不必立正排隊、等校閱。
・午晚餐際，山野美食當前、切勿狼吞虎嚥。
・尖石繁花勝景簇擁、請多疼惜愛憐。
・泡湯需自費 120 元。

給女生的叮嚀~

・洋傘、草帽、防曬油、太陽眼鏡，防曬必備。
・長褲、便鞋，一路好走。
・見到部落美男子，切勿高分貝尖叫。

給男生的叮嚀~

・要曬出部落勇士般的古銅色肌膚，也請自備防曬油。
・見到部落中的美人兒與您擦肩，請勿亂流口水。
・山野美食當前，小米酒視個人能力，不反對乎乾啦。

再次叮嚀：請不要一路黏著下列貴賓—
陳銘磻老師、陳若曦老師、邱秀芷老師、或村上春樹作品翻譯家賴明珠小姐，謝謝！

尖 石 夢 部 落 人 文 之 旅 (7/19 活動行程表)

07：40 中正紀念堂大孝門門口集合(一定要準時哦!)
08：00 準時出發 (車行北二高經竹東、到尖石)
09：00 車過北角吊橋與尖石巖進入錦屏村部落
09：30 經陽具公園到錦屏大橋聽看泰雅原住民的歷史
10：30 那羅溪畔走那羅文學步道
11：00 從五部落吊橋、錦屏國小、參訪官有生薰衣草園、賞山景
11：30 那羅部落喜嵐田園餐廳泰雅午餐
13：00 經那羅部落前往宇老觀景台賞連綿山脈
15：30 從宇老鞍部經道下到小錦屏亞山溫泉泡湯
18：00 內灣小鎮客家晚餐賞夜景
19：30 返回台北快樂家

活動聯絡人(7 月主席)：
陳貞彥（0910-457-698）郭信男（0933-058-826）

宇宙讀書會簡介

林學賢

宇宙讀書會是由創會長曾文龍先生於民國七十五年五月先創辦「不動產讀書研究會」，及八十年十二月又創辦「宇宙讀書會」，並將兩會合併後保留「宇宙讀書會」之名稱迄今，中間經歷多屆會長之努力，從戒嚴時期及打破藍綠藩籬大家一起來讀書，到後面解嚴後讀書會百花齊放，遍地開展，而隨著歲月流逝，前後也邁入第三十二個年頭了。

至於如何規畫讀書會的組織，資深前會長高順鎰說：「成立讀書會，一定要有喜歡看書，而且讀書會經驗豐富的人作核心成員。」

而作為「宇宙不動產讀書會」創始會員之一，也是協助宇宙讀書會制度化的推動者。在他的架構中，讀書會至少要有幾位基本幹部，包括1位每年選出的年度會長，以及1位秘書長、財務長。年度會長必須負責協調安排這一年12個月，每個月兩位負責主持的主席；財務長負責收納管理每年5000元的會費，用來支付書籍、餐飲等費用；秘書長則負責每月發出讀書會通知給會員。

這樣的組織架構是透過經驗，以及會員主動熱心幫忙才漸漸成形，高順鎰舉例，秘書長一職，就是讀書會成員每個月自動將讀書會邀請函傳真給大家才產生的。「後來，有些文筆好的會員，甚至辦起讀書會通訊，將心得或讀書會活動傳給大家。」而讀人如讀書，讀書會成員的熱情，則來自於對書本的狂熱。

高順鎰說，在讀書會裡，他們認識許多志同道合的朋友，「讀書會沒有身份的差別，大家基礎都一樣，都只是愛書人。」所以他們彼此互稱為「同學」，人與人間的關係非常單純。平常不敢講的事情、內心深處的秘密、年輕時的甜蜜戀情、生命或工作中的成敗與困擾，這些心路歷程，都會隨著讀書會熱烈的討論氣氛而流露出來。所以「讀人如讀書」，每個人都是一本書，在讀書會裡，他們交流知識，也交流生命經驗和情感。分享過後，他們很難不成為好朋友。

至於，讀書會成敗，會員人人有責，不過，並不是所有讀書會都能運作的如此順利，「籌組簡單，延續不易」，除了幾位愛書的核心人物作為會員，固定的聚會時間、主席的安排、會員的性質，都是決定讀書會成敗的主因。特別是主席，肩負選書以及邀約會員的重責大任，「雙主席制就是為了讓兩個人可以平分工作量，一人選書、一人就負責場地和邀約，」高順鎰指出，這樣的方式，可以讓讀書會成員彼此快速熟悉。在討論中，主席最重要的工作是串場，除了開始15分鐘的引言與導讀，主席必須在冷場時熱絡氣氛。認真的主席，甚至會先套好招，彼此一搭一唱，讓氣氛輕鬆愉快；或者跟其他會員商量，安排他們成為「種子」，在需要時發言暖場。時間控制也考驗著主席的主持能力。「每個人都應該有發言機會，但時間應以10到15分鐘為限，整個讀書會時間最好不要超過3小時」，如果對某個主題特別有興趣，可以在會後留下來繼續討論，讓其他有事的人可以準時離席。

而讀書會能否延續的責任，則落在每個會員身上，會員的特質就顯得重要。「讀書會成員的水平、年紀、閱歷不能落差太大，否則很難交流」。讀書會成立之初，是藉由核心會員一個個去吸收其他成員，但規模擴大後，問題也就跟著出現，因此高順鎰建議，讀書會成員數應該維持在20到25人，每次出席人數約有六成即可，如此一來，每個人都有充裕時間發言，品質也有保障。

註：部分內容摘錄自2011-08 Cheers 雜誌5期蕭西君『上班族如何規劃讀書會？』

享受單純讀書的美好

林學賢

我自92年受劉建平兄引薦加入讀書會，97年即擔任會長一職迄今，讀書會會齡已屆15載，感恩宇宙讀書會在創會長擘劃及歷任會長引領下，讓我能伴隨讀書會一起成長，也豐富了這15年的黃金歲月。感謝一路走來大家同伴共學，也一起出遊增廣見聞，最重要的是結識一群知心好友，共同在每月享受單純讀書的美好！

宇宙讀書會成立已經滿32年了，這是一個見證台灣知識學習歷史軌跡的重要里程碑，而隨著環境的變遷也改變了閱讀的工具及方式，讀書會順應時代潮流，將深度旅遊、聆聽演講及讀書報告等閱讀方式導入讀書會，讓讀書會也能與時俱進，走在潮流尖端，而不變的還是求知若渴的熱情，及求新求變的企圖心。期待讀書會能夠在大家的積極參與下，讓讀書會改變命運的傳說，再造豐華的另一個三十年吧！

106年4月24日

107 年度 宇宙讀書會四月份 例會

★舉辦時間：*107 年 4 月 14 日（星期六）14: 00 至 16 : 30*

★舉辦地點：板橋致理科技大學 / 新北市板橋區文化路一段 313 號 (校門口)

(捷運新埔站出口 1 號出口離站。)

★專題講座：1 創意 翻轉人生 2 創意 如何提升產業創新 3 創意 如何應付危機。

★本月主席：曾文龍創會長

★主講人：台灣發明王 王登福 董事長

★簡介：全國科技研發企業股份有限公司 - 董事長

中國科技研究樣品製造工廠 - 董事長

台北市發明協會 - 榮譽理事長、十大傑出青年科技類出類拔萃獎。

~~ 邀請 ~ 您搭上創意列車 !~ ~

備註

時　　間	內　　容	執行單位
14：00~~14：30	報到	服務組
14：30~~14：35	會務報告 / 活動預告	陳鎮華 祕書長
14 : 35~~ 14 : 40	主席致詞 / 貴賓 (新朋友) 介紹	創會長 / 會長
14 : 40~~16：30	演講 / 實戰經驗 交流	王登福 講師
16：30~~	會長結語	林詠心 會長

● 費用 : 公益講座 (全免)/ 歡迎加入會員，入會繳交年費。

● **報名專線：林詠心 0937-018-451(LINE ID:linda018451)**

陳鎮華 0970-865-868

106 年度宇宙讀書會五月份例會

★舉辦時間：106 年 5 月 20 日（星期六）14：00 至 17：00

★舉辦地點：台北市忠孝東路四段 60 號 8 F（彩虹園大廈）
（板南或文湖線在捷運忠孝復興站三號出口右側巷子可達。）

★講座：最新國土計畫法改變臺灣未來及房市景氣趨勢

★演講綱要：

1、立法院躺了 23 年才勉強通過！
2、國土計畫法將取代區域計畫法
3、國土功能分區及土地使用管制
4、國土計畫法之商機與陷阱
5、國土計畫法對一般民眾的影響

★講師：曾文龍博士…宇宙讀書會創會會長

★簡介：國立臺北科技大學不動產估價師學分班主任
不動產營業員、不動產經紀人教育訓練中心…班主任

★活動流程：

14：00~~14：30　報到聯誼　服務組
14：30~~14：40　會務報告 / 主席致詞　陳鎮華 / 林詠心會長
14：40~~16：50　導讀 & 會員雙向交流　曾文龍創會會長
16：50~~17：00　會長結語 / 活動預告　林詠心會長

費用會員全免，樂樂會及會友每人含書 500 元。書當天發。
宇宙讀書會會長 林詠心
報名專線：林詠心 0937-018-451 ● 請參加者在此接龍

1、林詠心 2、陳鎮華 3、曾文龍 4、林祝明 5、詹駿騰 6、李翊姍 7、蔡穎華 8、張振城 9、鄭秀娉 10、楊連洪 11、王端豪 12、黃雯鈺 13、陳貞彥 14、周錫譽 15、賴儷恩 16、梁綵湄 17、施亮州 18、吳金盾 19、林寶鳳 20、黃慧淩 21~50 共 50 人擠滿教室

巧遇讀書會俞自強老會友

曾文龍

最近在玉山創見會社團碰到讀書會老會友俞自強
雖然幾年未見
但是碰到老會友
大家都特別的開心

32年來的會友很多，讀書會也歡迎他們隨時回來
一年回來一次也無妨，或數年一次
老會員久別重逢，特別感到溫馨與熱情

玉山創見會社團是老會友周朝陽先生創辦的社團

這幾年辦得有聲有色
玉山會周會長當年是臺北縣環保局前局長高源平老會友推薦參加宇宙讀書會
他們兩位是建國中學同班同學，是高材生
往事悠悠啊！

106年5月6日

106 年度 宇宙讀書會四月份 例會

★舉辦時間：*106 年 4 月 22 日（星期六）11：00 至 15：00*
賞花的好時間 / 士林官邸玫瑰花展 (自由行)

★舉辦地點：義式意思餐廳 / 台北市士林區文林路 320 號 2 F
(士林捷運站 2 號出口，步行約 2 分鐘 . 電話 :2881-4088。)

★健康講座：食安問題、癌率驟升、網傳難判斷，如何預防與保健，
讓自己當健康的主人。

★本月主席：林詠心 / 陳鎮華

★主講人：康寧醫院衛教部首席講師：蔡華星 主任 / 王秀蓉 小姐

★簡介：學歷：中台科技大學 - 醫學檢驗生物技術系。
致今巡迴演講授課經歷 10 年的經驗。
曾任：高雄新高醫院 宣導部主任 / 台中仁愛綜合醫院 衛教部主任
現任： 內湖康寧醫院 衛教部主任
衛教人員：王秀蓉 小姐～

★演講大綱：

1.**「食安問題與大腸癌的預防及檢視方法」您又該如何預防？**
食安問題層出不窮，心情總是忐忑不安！如何無憂的享受美食呢？
有這麼多的食安問題中您要如何選擇食物呢？
✧ **大腸癌竄升最為快速 8 年奪冠**；平均不到 50 分鐘；就有 1 人輪陷！！

2. 何謂肺腺癌？生活飲食正常、沒煙沒酒、還是罹患肺腺癌？。
國內有 90% 女性、沒吸菸也得肺癌，原因和廚房油煙、空汙 PM2.5 有高度關係！
文英、蕭萬長、林百里、單國璽、孫越、盧修一、陳定南…那些人是高危險群？
✧ 怎樣預防癌症名列台灣第一大死亡殺手

~~ 邀請 ~ 您來為自己的健康把關 !~ ~

時　　間	內　　　容	執行單位
早起：可先到士林官邸，聞聞賞心悅目的玫瑰花香		**自由行**
11：00~~13：00	報到用餐聯誼 (主餐加自助)	服務組
13：00~~13：05	會務報告 / 活動預告	陳鎮華祕書長
13 : 05~~ 13 : 10	主席致詞	林詠心 會長
13：10~~14：00	健康與您	
14：00~~14：05	會長結語	林詠心會長
14 : 05~~	會後諮詢	
14 :30~~	**士林官邸散步玫瑰花叢中**	**自由行**

● 費用會員全免，**樂樂會及會友每人** 500 元。

● **報名專線：林詠心 0937-018-451、陳鎮華 0970-865-868。**

106 年度 宇宙讀書會二月份　例會
國際演講會、養生蔬食

各位同學大家好，恭賀詠心會長立馬上任，二月過完年的例會，特別安排結合知性及感性的活動與您分享。

早上 09：30 開始，特別安排同學觀摩國際組織企業家國際演講會多場背稿演講與即席演講，看看企業家們在百忙之餘，如何在有限時間準備一場專業的中英文演講。現場也有專業的計時員、贅字員把關，還有專業講評員精湛的點評。精采分享，讓人嘆為觀止！

活動結束後，中午備餐於梅門防空洞，用精緻蔬食讓大家既吃健康又養生，搭配現場玉雕觀音展，讓您一開春就收穫滿滿喔！

★舉辦時間：106 年 2 月 18 日　0900-1400
★舉辦方式：
活動一：0900-1130 企業家國際演講會專題演講及例會活動觀摩
活動二：1200-1400 梅門防空洞用餐及看展覽
★舉辦地點：西門捷運站 4 號出口 ，步行約 400 公尺
★活動一：延平南路 77 號六樓 614 室（煩請從武昌街側門進入並依指示上六樓）
★活動二：延平南路 87 號 B1
★主席：林詠心、林學賢

★費用：
會員免費，非會員 500 元

由於需要安排訂餐，請接龍告知出席意願以利作業喔！

1. 林學賢活動 1+2
2. 林詠心 活動 1+2
3. 陳秀真 活動 1+2
4. 林寶鳳 活動 1+2
5. 周聖玲 活動 1
6. 張振城 活動 1+2
7. 曾文龍 活動 1+2
8· 邱傳茂 活動 1+2
9·林寶幸 活動 1+2
10. 黃佳蓉活動 1+2
11. 鄭凱倩活動 2
12 徐正禹 活動 1
13 姚梨花活動 1+2
14 陳鎮華活動 1+2
15 陳啟銘 1+2
16 章慧玲 1+2
17 林錦鑌 1+2
18 高順鎰 1+2
19 黃秀碧 1+2

宇宙讀書會8月份活動通知

舉辦時間：*104年8月25日（星期二）18:00至21:00*

舉辦地點：北極光咖啡屋

台北市士林區中正路208號2F

交通資訊：

建議盡量搭乘大眾運輸工具，淡水或北投象山線在士林捷運站一號出口對面右前方即可到達。

健康講座：新人類的健康生活

本月主席：林寶幸、蔡馥蔓

講師：梅襄陽醫師

講師簡介：防癌長鏈《倡導人》& 健保救星，推動【全民保健取代全民健保】

為志業，認真宣揚《新人類的健康生活》，

提倡清腸清肝就能解決問題的組織淨化法

活動流程：

時　間	內　容	執行單位
18：00~~18：30	報到	服務組
18：30~~19：30	餐敘 & 聯誼	備有精緻套餐
19：30~~19：40	會務報告/主席致詞	蔡會長/林寶幸
19：40~~20：50	演講 & 雙向交流	梅襄陽醫師
20：50~~21：00	會長結語/活動預告	蔡會長/顏永雄

注意事項：

- ✧ 餐廳備有義大利各式燉飯及麵類A套餐(附湯品/麵包/飲料)
- ✧ 煩請出席者事先在LINE群組報名
- ✧ 費用會員全免，樂樂會及會友每人400元（含講座及餐點）。

宇宙讀書會/樂樂會

元月份歲末聯歡活動通知

★舉辦時間：*104年1月24日（星期六）15:00至20:00*

★舉辦地點：日月光溫泉會館　新北市烏來區忠治里忠治路37號

★交通資訊：

第一站國父紀念館4號出口集合，搭遊覽車前往，14:50分集合，15:00分發車。

第二站古亭捷運站(羅斯福路上的7號出口)15:10分集合。

第三站碧潭捷運站15:30分

★活動形式

內　　容	執行單位
報到聯誼	服務組
會務報告/主席致詞	林會長
自由活動	泡湯(3選一:2人湯屋"、室內裸湯、室外溫泉SPA)
用餐	預計18:00~18:30分用餐
摸彩暨禮物交換	林英芳秘書長/巫瑪玲會友
會長結語	林大偉會長/顏永雄會長

宇宙讀書會 林大偉會長

樂樂會會長 顏永雄會長　敬邀

****

注意事項：

- 請攜帶泳衣、泳帽(室外溫泉)
- 費用會員全免，樂樂會及會友每人400元
- **敬請會友準備禮物一份(約500元等值)**
- **林會長/顏會長另提供"禮物"抽獎**

報名專線：林英芳0937-018451　lin.infang@msa.hinet.net

宇宙讀書會5月份音樂會活動通知

★舉辦時間：*103年5月17日（星期六）15:15至20:00*

★舉辦地點：不動產教育訓練中心

台北市忠孝東路四段60號8F(彩虹園大廈)

★交通及停車資訊：

建議盡量搭乘大眾運輸工具，板南或文湖線在捷運忠孝復興站三號出口右側巷子可達。

★本月主題：專題演講及演唱-金澎(小黑人)老師

特別情商名爵士樂鋼琴師-彭樂天老師擔任伴奏

★演講內容：時代之歌三部曲

★本月主席：林寶幸、洪淑媛

★講師簡介：知名歌手、舞者，曾赴紐約「American Dancing Machine」舞蹈教室進修爵士舞及音樂劇的課程，發行過 3 張國語專輯、《坐捷運去 shopping》及《一條繩子》台語合輯、主持公視《台灣歌謠輯》，現開班教授爵士舞、踢踏舞。當年以「小黑人」之名紅極一時的金澎，綽號來自他演紅的一齣音樂劇小黑人角色。這個故事敘述一名猶太人，因為熱愛黑人爵士樂，故意把臉塗黑混進黑人俱樂部，後來把爵士樂發揚光大，成功進軍百老匯的故事。為了演出劇中假扮黑人的猶太人，金澎把整張臉塗得黑黑的，「小黑人」外號不脛而走。

★精采內容：金澎老師對30~70年代上海、香港、台灣、甚至西洋誇時代之老歌皆能精闢解析說唱，是華人流行樂的泰斗,並以柔軟身段跳各國的舞蹈;他二十歲才開始學芭蕾、四十歲才到美國紐約進修爵士舞，一路走來，他從不讓年歲成為充實自我的絆腳石，永保一顆年輕的心。本會特別準備電鋼琴，請聆聽金澎老師精彩演唱及彭樂天老師精心伴奏。

★活動流程：

時　間	內　容	執行單位
15：15~~15：30	報到聯誼	服務組

15：30~~15：40	會務報告/主席致詞	林會長/林寶幸
15：40~~17：30	專題演講 &會員雙向交流	金澎、彭樂天老師
17：30~~17：40	會長結語/活動預告	林嘉國會長
17：40~~20：00	移往後面巷子『加州陽光』	備有精緻套餐

****

注意事項：

- 會後移轉至後面左轉巷子『加州陽光』享用晚餐。

  地址:台北市大安路一段 84 巷 4 號

- 煩請出席者務必於 5/15 前事先報名及選用餐別以利備餐，並請準時報到。 會友參加採預約報名方式！
- 費用會員全免，樂樂會及會友每人 400 元（需預約備餐)。
- **報名專線： 林寶幸 0920-015768、洪淑媛 0936-227672**

----------✂---------------✂---------------✂---------

ＴＯ：**洪淑媛** E-mail：louisa167167@gmail.com 出席回函

ＴＯ：**林寶幸** E-mail：jsllin@gmail.com

※註：為方便備餐及安排座位，請會員務必註明出席意願。

☐會員__________報名參加，電話：_____________(☐葷☐素)

☐會友__________報名參加，電話：_____________(☐葷☐素)

☐會友__________報名參加，電話：_____________(☐葷☐素)

☐主菜選項:☐紅燒肉飯　☐獅子頭飯　☐牛腩飯　☐鯛魚飯　☐鮭魚飯

素食選項: ☐素炒河粉　☐素炒麵　（ 以上皆附湯咖啡或茶)

☐不克參加(會員無法出席煩請勾選回傳以利統計！)

參加人員簽名：__________________　　　年　　月　　日

宇宙讀書會10月份活動通知

★舉辦時間：*99年10月14日（星期四）18:00至21:00*

★舉辦地點：ING安智證券財富管理公司（會場接待聯絡人：鄭舜之0935387257）台北市信義路五段七號51F（台北101大樓 ）

★交通及停車資訊：

可使用松智路101大樓對面信義區公所地下停車場，每小時30元，或可停於101地下停車場，每小時50元；若持有101聯名卡消費NT$101以上者，享2小時免費停車；或可搭乘捷運木柵線在大安站下車轉搭信義幹線於信義行政中心下。

★導讀書目：戰勝癌症-基因營養醫學救了我們

★本月主席：林學賢、蔡穎華

★導讀方式：專題演講、雙向交流及會員讀後分享。

★導讀講師：蔡佩穎醫師(高雄國軍左營總醫院放射核醫科技術長)

★作者簡介：呂應鐘

2000年8月經切片檢查發現罹患非何杰金氏鼻腔淋巴癌，遂接受化療及電療。 為了徹底瞭解癌症並克服它，從此開始勤奮研究能夠永遠抑制腫瘤的方法，有幸找到新進的「基因營養醫學」，並以自己做實驗，經過四年多，證明運用「細胞分子營養矯正醫學」的確可以徹底解決各種疾病，便將理論與實證寫成論文，於2004年6月取得歐盟Bircham大學營養醫學博士學位，並經海牙國際法庭公證，為聯合國全體會員國所承認。 著有數種抗癌書籍，4年來已經幫助極多癌友回復健康，為實證派結合理論派的健康大師。目前致力於基因營養醫學的推廣教育工作，是這個領域的先驅者。

現任：南華大學教授、美國全我知識發展學院教授、歐盟伯爵漢國際大學教授、俄羅斯聯邦外貿學院名譽教授

兼任：中華自然醫學教育學會理事長、國際微量元素醫學會會員、中華民國能量醫學會會員

著作：《我的腫瘤不見了》、《我的腫瘤依然不見了秤戰勝癌魔省思錄》

★精采內容：

首次公開「重大疾病對症基因營養調配方」的保健聖經出爐了！

1. 揚棄傳統「頭痛醫頭，腳痛醫腳」的治標醫療方式，強調應從最根本的身體保健做起，「上醫治未病」，預防勝於治療。
2. 強調人體應補充維生素、礦物質以及多種微量元素，藉以鞏固細胞的健康，增強身體的免疫力以及自癒力。
3. 除了補充營養素和微量元素外，本書亦認為飲用水的潔淨對人體非常重要，因此文中強調要正確地選擇飲用水，並駁斥市面上不實誇大的飲水廣告，教導讀者正確的飲水觀念。
4. 為讀者建立正確的抗癌保健觀念，強調正統醫療與輔助療法並用，反對無學理根據的民間療法。更要求病友要積極與醫生合作，而非消極地抗拒或放棄希望。
5. 本書最大特色為針對癌症、糖尿病、痛風等12類重大疾病設計的「各疾病營養療法配方」，對不同疾病都有改善的效果，屬於徹底提升體質，從根本增強抵抗力的「標、本兼治」法，是能夠真正幫助身體的「健康回春法」。

本書從坊間常見的錯誤保健方法開始談起，介紹新進的「基因營養醫學」，以及如何正確地利用營養知識，達到保健、祛病、養生的目的。同時，還披露了各種重大疾病的營養保健治療方法，可以讓讀者參考使用，而且絕無副作用。

再者，本書強調人體自癒能力的重要性，避免只能治標的「頭痛醫頭，腳痛醫腳」的局部保健觀念，而是從身體的根本保健做起，讓體力增加、免疫力上升、強化細胞的戰鬥力。只要提高了人體的抗病能力，自然能戰勝癌症，解除病痛。

本書所提的補充維生素、礦物質的配方，全部都有所本，皆有科學根據的，搭配上正確的飲水觀念，形成最符合人體自然運作的自然療法，順應細胞基因的型態，激發體內的防禦機制，依照每個人不同的體質與狀況，成功地改善身體條件，達到戰勝癌症、保健身體的目標。

★同場加映：

◎場地提供：感謝 ING 安智證券財富管理公司業務副總裁鄭舜之會友，慷慨提供 51 樓 VIP 貴賓室作為本次活動場地，並友情協助報到作業，敬請出席會員或會友務必於 19：00 前於台北 101 大樓辦公區一樓發卡機臨櫃操作取卡後，經一樓門禁管制區刷卡進入，搭乘電梯後轉乘至 51 樓報到，逾時煩請來電由專人引導上樓，敬請配合！

◎本次活動現場飲用水由能量水專家，美聚實業股份有限公司(賴慧真會友)全程提供，最純淨並富含礦物質的五星級開羅水礦水；並搭配由台灣好夥伴志業股份有限公司所代理進口，來自美國的高科技細胞分子矯正醫學，所推薦的天然礦物質營養飲品美事多 MAXIMOL，再加上在地嚴選新店市十大拌手禮金牌獎得主-甕梅純天然碳燻桂花烏梅汁，所精心特調的養生飲品，為　您跨出身體保健的第一步！

★活動流程：

時　　間	內　　容	執　行　單　位
18：00~~19：20	報到聯誼及用餐	服務組
19：20~~19：30	會務報告/主席致詞	吳會長柏譽先生
19：30~~20：40	講師導讀&會員交流分享	蔡佩穎醫師/導讀主席
20：40~~21：00	會長結語/活動預告	吳會長柏譽先生

****

注意事項：

1. 費用會員全免，會友每人 500 元(需預約備書)寶眷 300 元(需預約備餐、無書)。
2. 現場備有精緻晚餐，煩請出席者務必準時報到，以利備餐。另為提早備書，會友參加採預約報名方式！
3. 報名專線： 林學賢 0928-502619、蔡穎華 0921-607651

-----------✂-----------------------✂----------------------✂---------

TO：林學賢　FAX：**27540409**　**出席回函**

□會員＿＿＿＿＿報名參加本次讀書會活動，電話：＿＿＿＿＿＿＿＿(□葷□素)

□會友＿＿＿＿＿報名參加，請準備□書籍＿＿＿本　□僅用餐及聽講(□葷□素)

□會友＿＿＿＿＿報名參加，請準備□書籍＿＿＿本　□僅用餐及聽講(□葷□素)

□不克參加(會員無法出席煩請勾選回傳以利統計！)

參加人員簽名：＿＿＿＿＿＿＿＿＿　　年　　月　　日

宇宙讀書會9月份活動特別預告

主　席：劉建平 賴慧真

時　間：95 年9月 15 日(星期六)下午1:30 ~~ 5:40

地　點：台大育成中心 北市中正區思源街18 號

(自來水博物館對面) 新店捷運公館站下(詳細地圖如下)

主　題：『不願面對的真相』電影欣賞會及專題演講

說　明：

我們坐在一枚定時炸彈上面，如果全世界大多數的科學家是正確的，人類只有十年的時間避免一場大災難，足以讓地球的氣候系統一片大亂，造成嚴重的氣候遽變，包括極端的氣候變化、水災、旱災、流行性傳染病大量散播以及致命熱浪，災情之嚴重是我們從來沒有經歷過的，而且完全是我們自己造成的。

如果這聽起來像杞人憂天，請重新考慮一次。導演戴維斯古根漢執導的紀錄片【不願面對的真相】在日舞影展大受歡迎，該片記錄一個人以他無比的熱誠、深具啟發性的談話，以及堅定不移的決心，大膽戳破關於全球暖化的迷思和誤解，並激勵每個人採取行動阻止情況惡化。這個人就是美國前任副總統艾爾高爾，他在 2000 年總統大選敗選之後，重新調整自我的生活方向，全心全意為全球暖化的問題付出時間與精力，希望能夠以他個人的努力，讓世人真正了解全球暖化的嚴重性，並且幫助世人拯救地球，阻止它走向自我毀滅的方向。【不願面對的真相】一片記錄了艾爾高爾在全世界各地的全球暖化巡迴演講，他在這些以幻燈片輔助的演講中，同時展現出風趣幽默以及認真嚴肅的一面，以輕鬆自然以及實事求是的態度、竭盡所能向一般老百姓說明地球正面臨一場"全球性的緊急狀況"，而我們這些老百姓在事情尚未惡化到無法挽救的地步，必須儘快採取行動阻止浩劫發生。

2005，美國有史以來最嚴重的暴風季終於過去，但是我們仍然可能接近一個"引爆點"，高爾以最坦率直接的方法解釋全球暖化的嚴重性。他時而引用令人驚訝的事實數據，時而預測未來將發生的嚴重後果，中間並穿插高爾個人的心路歷程。從他在大學時在課堂上看到大規模環保危機產生的可能性；到他身為年輕參議員，意氣風發之時卻差點痛失愛子，因而改變了他對人生的觀短；一直到他差一點就成為美國總統所受到的挫敗。但是他卻一點也沒有失意喪志，反而重新投入他這一生最重要的使命，也就是說服世人仍有時間做出改變，拯救我們唯一的家園－地球。

【不願面對的真相】一片捕捉了高爾的風趣幽默、博學多聞以及充滿希望的一面，讓他以感染度極高的演說，一針見血地提出一個最重要的事實，那就是世人不能再把全球暖化視為政治議題，而是人類文明面對最大的道德挑戰。

【不願面對的真相】一片由派拉蒙經典影片公司暨 Participant 製片公司出品；由戴維斯古根漢執導；主要人物是艾爾高爾。製片是蘿莉大衛、羅倫斯班德以及史考特柏恩斯；執行製片是傑夫史高、戴維斯古根漢、黛安魏耶曼、瑞奇史特勞斯以及傑夫艾維；共同製片則是萊絲莉齊考特。

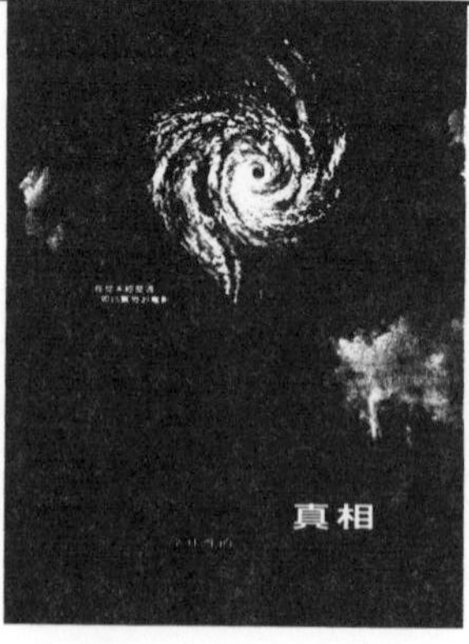

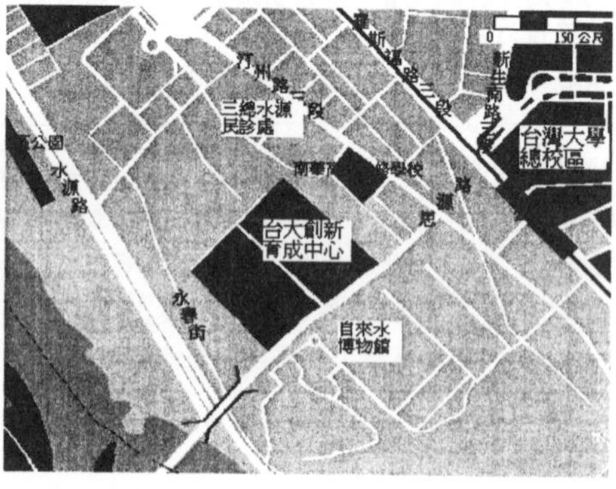

流　程：

時　　間	內　　　　　　容	執　行　單　位
13：30~~14：00	報到聯誼	服務組
14：00~~14：10	會長致詞	副會長代表
14：10~~15：40	【不願面對的真相】電影欣賞	活動組
15：40~~16：00	Tea Time	服務組
16：00~~16：10	講師介紹	林學賢
16：10~~17：20	從全球暖化現象談台灣環保的重要性	荒野保護協會 李理事長偉文
17：20~~17：40	雙向交流&會長致贈車馬費及結語	活動組

費　用：會員免費，會友及非會員優待 200 元，小朋友 100 元

講師介紹：

主講人：李偉文　中華民國荒野保護協會 理事長

學經歷：湯城牙醫診所醫師、行政院國家永續發展委員會委員、公共工程委員會生態工法諮詢委員、內政部國土資源組委員

荒野簡介：

從台灣北部、中部到東部，荒野保護協會積極主動且長期的守護，並且參與十多項保育議題的努力、二十多項重要會議及實地探勘。荒野也主動關懷，與許多團體及社區建立友誼的網路，一起為這塊土地而努力......

保護台灣僅存的動、植物棲息地

野生動植物棲息地的保育工作是荒野成立之重要工作，因此成立以來荒野即不斷投入大量人力在此，例如竹北仙腳石食蟲植物棲息地的管理，就是台灣重要 就地保育計畫之一。廿多年前，桃竹地區遍佈著長葉茅膏菜、長距挖耳草、小葉毛氈苔、寬葉毛氈苔等台灣原生的食蟲植物；但人類開發的速度遠比生命繁殖的速度快，造成目前只剩下竹北仙腳石這塊棲息地僅存上述這些物種了。幾度與政府陳情後，終於在八十七年政府 補助荒野保護協會負責意棲息地管理計畫一直至今(九十一年)，使食蟲植物的數量漸趨穩定，族群遽減的長葉茅膏菜透過荒野保護協會的努力目前也有上千株的數量。　其他如連接中央山脈與雪山山脈的『思源埡口生態廊道計畫』、『棲蘭檜木國家公園催生』、『成立雙連埤 然野生動物重要棲息環境』等，都是荒野保護協會長期努力的倡議。

以夥伴關係為基礎的保育議題參與模式

鼓勵民眾參與和荒野保護相關的公共事務，是為了融合『自然環境』與『社會、經濟發展』，建構公民社會，進而邁向永續發展。因此，我們 以理性的溝通與辯論、立場聲明、政策批判、公共事務監督、陳情連署、議題宣導與倡議等民主體制內的方式，與企業和政府建立夥伴關係。我們相信大多數的人們，都瞭解 自然環境保護之重要，只是不知該用何種方式來努力。所以，荒野保護協會在處理『台 11 線花東海岸水泥消波塊』問題時，即不斷的透過與中央政府及地方政府、民眾、學校等單位溝通，希望提供多贏的解決方式，因而讓政府重新評估。其他如台灣河川水泥化問題、 花蓮水建火力發電廠開發案、新竹客雅溪口填築海埔地開發案、台北縣大屯溪整治、內湖內溝垃圾掩埋場設立、外來種物種入侵等，荒野保護協會都以理性的態度來參與。

會長　林寶幸 敬邀

「經常旅行的人最能體會出土地的不同，
不同的地方有不同的臉，華陶窯不是一棟房子或是一座窯、
一片園林而已，它是整個所在土地的風格。」

有人說：華陶窯具體實踐了一種關於人間桃花源的理想境界，
一開始為了給花一個適當的花器，一對夫妻不但自己栽花，
也為著一個單純真情的堅持-惜花連盆，
進而造了一座台灣當時僅有的登窯來燒自己喜歡的陶盆

華陶窯由一座窯與一間工作室，
十餘年來由整地、規劃、建築至園藝景觀的巧思安排，
因著主人豐富的生命閱歷與對本土美感經驗的自信，
衍生出對人文風土及基地地理特性的準確掌握。

來過華陶窯的朋友會說，這兒似乎寧靜又自在，心內就是自然而生愉悅，
來這兒的一趟路程，就好比行走在佈滿苔蘚的石板路上，
穿林行徑，竹籬茅舍，一池蛙聲，幾畦菜圃，
消失在記憶裡的樸拙風華彷彿就在眼前。

想要享受這令人如癡如夢的境界嗎?
宇宙讀書會邀請您參加四月份活動|K華陶窯一日人文饗宴
時間:四月二十三日
費用:會員1000元 非會員1500元
特色：土地人文一步一腳印完整的經典行程
行程內容： 1.園林賞遊 2.植物園導覽 3.影像紀實
4.柴窯解說 5.玩泥捏陶中任選三項
(出發時間另行通知)

夏日薩克斯風音樂演出

宇 宙 讀 書 會

2007 年8月25日 城市舞台法蘭瓷
薩克斯風: 錢威綸 William

古 典 篇

第五號匈牙利舞曲	**Hungarian dance No.5**
新天堂樂園主題	**Nuovo Cinema Paradiso**
自由探戈	**Libertango**
遺忘三重奏	**Oblivion**
卡門幻想曲	**Carmen Fantasia**

演出者: 鋼琴: 康以昕 / 小提琴: 黃偉俊

爵 士 篇

Latin (拉丁) 、Swing (搖擺)、Waltz (華爾茲)、R & B (節奏藍調)

Satin Doll	**絲綢娃娃**
Autumn Leaves	秋葉
The girl from Ipanema	來自依帕內瑪的女孩
St. Thomas	聖湯瑪斯
One night in the Hotel	夜宿旅社
Billie's Bounce	比莉藍調
Misty	神秘
Summer Time	夏日時光

演出者: **Piano: Kate / Bass:** 池田欣彌 / **Drum:** [illegible]石大輔
Vocal: 孫雅文 / **Violin:** 黃偉俊

2004 宇宙讀書會 6 月強檔活動

Life is too short to drink bad wine.

關於紅酒的--口舌之戲與感官之旅

有始以來，讀書會堂而皇之的把喝酒當成「閱讀」的對象~~
關於紅酒的傳說：抗老化、可美容！和威而鋼有一樣的功效！對心血管動脈有防止硬化的效果！每天一小杯有助於食物消化、提升睡眠品質！王永慶先生在請客的時候即使不吃飯，一隻大蝦、兩片生苦瓜、幾口青菜，配著紅酒，細嚼慢嚥，再加上幾片鳳梨，也就是一餐。
以上~~各位會以什麼樣雀躍的心情，來參加這次的感官之旅呢？

帶領本次活動的靈魂人物講師 Kevin 特別介紹－
畢業交大管理科學系，曾任職某大會計師事務所。
因爲參與「金門酒廠民營化」個案與酒結下情緣！
2000 年 4 月於 Pchome 明日報開立「eWine 葡萄酒新聞台」，發表文章共 381 篇。2001 年 3 月正式離開會計師事務所工作，目前專業經營網路事業與WINE& LIFE網站，是國內極負盛名的傳播紅學的資深寫手！
Kevin 非常自豪於因長年飲用紅酒，而擁有像六年級生般的外貌，哈哈！(可惜肚子難掩)！舉凡與酒相關的音樂、文學、健康等領域，均無不精！
此次特別應邀，與會友們分享紅學的奧妙與生活之美，機會實在難得，請及早報名搶位！
讓我們以熱烈掌聲熱歡迎~~特別來賓 **WINE& LIFE 總編輯顏隆安 Kevin！**

6/25 活動流程如下~
●18:00—19:30 入場 交誼 用餐 (玉山 13 好漢登山精彩 VCD 回顧與欣賞)
●19:30—21:10 Kevin 紅酒感官之旅正式展開
＊介紹產地、選酒、工具、品酒的方式、輔助品酒的食物**(知識與技術篇)**
＊WINE& LIFE 的文學與音樂的分享 **(人文藝術篇)**
●21:10—21:30 心得分享及下月活動預告

主席：周振亨、羅淑芬　　活動指導：吳文良　現場音樂：顏隆安
時間：93 年 6 月 25 日(五) 晚六點起
場地：SARENA 餐廳(台北市泰順街 48-1 號一樓 TEL:2364-6701)
本人□參加　□不參加（請打勾）• 邀請來賓(　　) 位。(每位來賓酌收 500 元)
點餐 ☑ 咖哩雞飯 □咖哩牛飯 □咖哩羊飯
爲確保用餐愉快，能享有均質服務，將於電話最後確認。 (1)請傳真：湯英 2368-3653(Fax) 或 (2)E-MAIL 直接回傳給文宣。**6/21(一)截止報名。謝謝！**

2003 宇宙讀書會 11 月活動

發現 故宮新魅力！

如何在故宮典藏 653,597 件冊文物中，找到您最喜歡的寶貝？
又，民間如何對故宮博物院，成功提案？

2003 年 11 月文教圈盛事、一場即將襲捲全台北的「發現故宮…國立故宮博物院出版文化研討會暨圖書大展」觀摩與策展，在本會會友/ 威華文化總經理王亞琴暨全體工作夥伴策劃下，終於登場！

本次展出國立故宮博物院自出版業務成立數十年以來，所有展覽刊物約 500 餘種、另複製畫 200 多幅、及近年來各式數位化光碟、大型資料庫、錄影帶，共計約 800 餘種。論其規模，不僅爲紙本出版品最完備的展出，亦擴充至數位化之出版，象徵著故宮文物邁向新紀元之出版歷史！

如此深具特殊意義的、能與故宮合作的大案，威華文化是如何在激烈競爭中勝出的？它的提案創意在那裡？他們又如何在與公務員的溝通裡，去細心的執行他們的想法？他們動員了多少的人力、時間成本？他們的作業編制及功能又是如何？當活動熱鬧上場，幕後的 know how 才更引人注意！外人不得其門而入，讀書會會友才有此殊榮，王亞琴總經理樂於將經驗與您分享。

另外您知道在故宮典藏 653,597 件冊文物中，**哪些是歷年來的熱門出版品？哪些又是冷門貨？如果要尋寶，有哪些門路？國立故宮博物院出版組金士先科長特別受邀蒞會，親自為會友們做一非公開的業務簡介。**這樣難得的機會，您豈可錯過？

時間：92 年 11 月 2 日（星期日）下午 3 點起
地點：台北市師大路一號　師大美術系畫廊（B1.多媒體互動區）
讀書會議程：
3:00—3:15 報到及領取資料
3:15—3:20 主席致詞
3:20—3:40「發現故宮…」的發想與策展 / 威華文化總經理王亞琴 主持
3:40—4:10 三更有夢書當牆~漫談故宮出版品 / 故宮出版組科長金士先主持
4:10—4:30 會務報告 / 王妃湘會長 主持
4:30—5:00 自由參觀
5:30—晚餐 爾雅書馨一庭餐廳廣生食品行（上海風情餐廳）
地址：台北市泰順街 38 巷 25 號　電話 02-23633414
主席：蔡月琴、王亞琴 敬邀（洽詢：0939-199925 蔡月琴）
※本次活動兼具知性與美感，非常適合全家大小參加，10 月 31 日截止報名。
※來賓每人 300 元（含演講、場地、晚餐費用，不足費用由本會負擔。）

2003 宇宙讀書會 8 月音樂祭

愛上薩克斯風音樂，
是因爲先愛上吹薩克斯風的那個男人！
懂得欣賞那個男人，就等於懂得了自己的靈魂！

他就是國內被喻爲"薩克斯風之王"的蕭東山老師!

當很多人知道眼前的短髮男人就是蕭老師時,忍不住會問:
那老師您知不知道某個大學的某某音樂教授或是某某音樂老師?
蕭老師總是有點靦腆的,不置可否!
與其這樣爲難他,倒不如問那些教授們,認不認識蕭東山蕭老師吧!
因爲蕭東山不是學院派出身,他沒有受過正統學院教育!

關於他的音樂成就,他是無師自通.小時候父親遺留給他的樂器是他的啓蒙.18歲那年,他組樂團.及長,以薩克斯風.黑管與長笛聞名全國!

他曾受邀到雪梨歌劇院演奏,創下聽眾起立鼓掌 3 分鐘的感人時刻!
國內流行歌壇天后的指定演奏者,華視勁歌金曲的獨奏家,同時目前也是華視大樂隊的副團長!他對體制內的人事不熟,但是體制內的學者,卻久仰他的大名!

懂音樂的人說:一首曲子,如果誰彈起來讓別人覺得會很難的話,那他就不是一位好的演奏家.果不其然,有人聽完了蕭老師的演奏之後,開始偷偷學起長笛~~

45 歲是他生命的轉捩點,從此音樂有了自己的靈魂,呈現了生命的富足感!
如果您還是不太了解我所說的, 8/23 仲夏午后,請您來聆賞這樣的意境吧~~

荷蓮朵朵睡,楊柳軟軟青,大落地窗外,夏蟬混聲大合唱,室內,
我們在一杯茶或咖啡的迷香裡,被蕭東山的薩克斯風,黑管,長笛給哄醉了!

仲夏音樂之旅

11:30 現場集合 12:30 準時午餐 13:30 蕭老師的名曲音樂
15:30 尾聲 15:30~校園自由行(李祖原建築師作品巡禮)

---

8 月主辦：林寶幸、羅敏慧
閱讀書本：世界名曲 100 首
特別來賓： 薩克斯風之王—蕭東山老師
活動時間：2003 年 8 月 23 日（星期六）
地點：國立藝術大學內【荷畔人文餐廳】北投區學源路 1 號 (02-28924364)
交通：捷運淡水線 關渡站下(可步行約 20 分鐘或四人共乘計程車)
(來賓酌收 300 元)

買書當買資料

曾文龍

我常買書，卻不常閱讀
因每天工作極忙碌，還要業餘寫書
但還是買書，把它當買資料
有一天要用時，則是價值千金
想買也買不到了！

新年假日，參閱了兩本書
很驚訝我買的年代，竟然都是一頁未翻
第一本是『台灣司法十大入罪法』
是89年買的，已經16年了

第二本是《律師不會告訴你的事》
是96年買的，也9年了
塵封的兩本書，卻也栩栩如生
紙張都還是新的！

書真的是最好的朋友，
永遠不會離開我們
只要我們需要它們時

105年1月2日

人與樹葉

曾文龍

力行國小校園的角落
看到一大桶一大桶的落葉成堆
我撿起一大片枯葉
仔細端詳它的枯黃破裂
它也曾蒼翠嬌嫩風光過

如同少年人
最終也衰老枯弱
每個人
恰也如一片落葉

106年5月14日

2003 宇宙讀書會 6 月強檔活動

拍醒你的身體，之後，服用維他命 Art
6/28 整個人活起來啦！

沒錯，從早上的百穴拍打功開始，到中國名畫幻燈講座，下午，自由參加旅法名畫家的新書簽名會，6/28(六)這一天，絕對讓您獲得最多的恩寵與養份，值得您和您的朋友一起同來分享！

6 月主席：張芳寧、俞自強，精心策劃的 6/28 活動是這樣的一

●8:30—9:30 顏老師給你 60 分鐘、您給自己和家人強健一生的新開始！
沒有時間場地限制、不必器材道具，顏綉美老師教您如何輕拍重打自己的穴道或臟腑，讓沉睡已久、機能快要鈍化的器官，再被刺激與喚醒，增強身體免疫力、化解自我潛在病痛，給你好元氣、好臉色、還有好健康。
(顏老師行程緊湊，但是以愛結緣，機會相當難得，錯過遺憾。)

●09:30—10:00 中場休息或交誼

●10:00—11:40 出版界奇才洪文慶主講中國名畫賞析及其歷史人文背景探索
洪文慶，國內最會編大部頭套書、也最能與行銷共創成果的奇才子。
大學唸的是歷史，研究所修的是美術，走進出版界 20 年，從此，走出出版業的另類史，也寫下後輩難以企及的記錄。一直想當詩人，曾是時報文學獎、金鼎獎得主，文章散見國內各報章雜誌(曾任大地地理雜誌主編、錦繡出版總編輯，現任石頭出版社總編輯，本次講座配合幻燈欣賞，精彩可期！)

●11:40—12:10 會友及來賓發言與心得分享

●12:20—13:30 午餐 (秀蘭名廚私房調理)

14:30—旅法畫家陳朝寶新書「巴黎落幕」簽名發表會，免費自由參加。(地點：晶華酒店 B2 精品時尚廣場)。發表會由名主播葉樹姍主持，現場展出該書所刊原跡畫作近八十幅，並邀管絃樂演奏、氣氛浪漫。(陳朝寶曾於約二年前參與過本讀書會，特致邀請函，歡迎大家踴躍參加) 意者請於 14:15 **晶華酒店 LOBBY 大廳集合**。

六月份讀書會特別來賓

讓我們以掌聲歡迎 一顏綉美女士、洪文慶總編！當然還有您！

6/28 活動地點：中國文化大學推廣教育部 國際會議廳(台北市建國南路二段 231 號 B1(和平東路交叉口)

☐本人參加 ☐不參加（請打勾）・邀請來賓(　　) 位。(每位來賓酌收 200 元)

☐點餐 小排菜飯(　)份・牛肉菜飯(　)份・豬腳菜飯(　)份・燻魚菜飯(　)份

6/25 截止報名 (1)可傳真：湯英 2368-3653(Fax) 張芳寧 2712-9458(Fax) 或 (2)E-MAILtangyng@pchome.com.tw **活動聯絡人：張芳寧 0937-506816・俞自強 0933-724733** (特別感謝本會王妃緗會長、仁愛讀書會王亞琴小姐及文大藝文總監彭麗華大力協助)

拜訪春天

「瑛」「櫻」美代子的賞玩會！

當日行程表

(1)10:00AM~10:30AM 陸續抵達素瑛家、可自由活動

(2)10:30AM~11:30AM 聽 石詠琦老師美麗開講

★講師簡介：石詠琦老師

現任：華宇企管資深講師、台北市專業秘書協會顧問、致理台北商業技術學院講師

專長：如何提高工作效率、談工作壓力的紓解、生涯規劃、實用商業禮儀專業秘書課程、媒體公關、溝通與人際關係等

(3)12:00AM~1:00PM 自助式春光午宴

(4) 1:10PM~2:50PM 逛大學校園 社區花園 或室內唱歌 或社區運動

(5) 3:00PM~4:30PM 自由自在自由玩 或是密技切磋

活動主題：3 月春光乍現 /賞櫻與知性之旅

時間：**92 年 3 月 8 日 (星期六)上午 10:30~16:30**

活動策劃：蔡素瑛 \協助：劉建平

地點：中壢市大享街 580 號（大享別莊）近中央大學

電話：(03)426-3998 或 0955128130 新電話

請您這樣走***** 新屋中壢交流道下(約 62 公里) 往左中壢方向直過麥當勞下一個紅緣灯 (環西路左轉)直走過第一銀行下一個紅緣灯 (志廣路左轉)經過中央大學(中正路)注意下一個 (暘陽加油站左轉)看到大享別莊標誌沿著大馬路榕樹 可達大享別莊大門直行再左轉（活動中心旁 580 號），車程約八分鐘即達***

2003 不動產・宇宙讀書會 2 月活動

從二月看見

十月的天空，很燦爛哦！

1957 年的維吉尼亞州，一個叫煤山的煤礦小鎮，全鎮賴以爲生的就是地底下的煤礦，席約翰一家也不例外；約翰是煤公司高級幹部，他最大的希望，就是兩個兒子長大繼承父業，或拿足球獎學金進大學，老大吉姆順利取得足球獎學金，老二侯麥不是踢球的料，看來只能去挖礦了。

那年十月，全世界第一枚人造衛星，由蘇聯成功發射升空，煤山鎮民也在傍晚聚集，觀看天上那個象徵科技未來的奇異光束。侯麥第一次感到與世界拉近距離，感到科技的神奇，他決定建造火箭。

侯麥用 30 枝沖天炮的火藥，家門口發射他第一支火箭，炸壞了院子柵欄，激起了對科學的好奇，也開啓了與父親的戰爭。學校教授科學的賴老師，不斷給予鼓勵及幫助，在那保守的年，力排眾意，讓侯麥及他三個死黨參加科展。經過無數的失敗，遭受父親及校長無數的阻撓，他們仍獲得科展冠軍，及大學獎學金。

『十月的天空』是美國太空總署科學家席侯麥自傳故事改編，敘述他一生不屈不撓的研究精神，和與科學爲伍的傳奇之路。席侯麥於 1998 年提早退休。本片由名製片查爾斯高登、賴瑞法蘭克共同製作，喬強斯頓執導；傑克佳倫厚、蘿拉鄧、克里古柏主演。

電影欣賞：十月的天空

策畫：湯英、謝志皇

時間：**92 年 2 月 22 日 星期六下午 14:00~17:30**

地點：U2 MTV 萬年店 **TEL: 02-23814057**

(台北市西寧南路 70 號 9 樓 萬年商業大樓九樓)

好康ㄟ：會員卡每人贈送一張、來賓酌收 300 元

2002 不動產・宇宙讀書會 10 月活動

身心光復日

解放 長期被 財務 工作 壓力困住的身體
找回 被工業化環境與壞情緒消耗的能量
您需要一個自我重建的時刻

不在健身房 不是 SPA 三溫暖
非關宗教 絕非儀式 沒有酒精 咖啡因
10 月 25 日光復節晚
林樹成醫師要用音樂與磁場測試 及他專業的能量醫學 與會友分享

您可以帶來平日與您貼近的常用物品
測試彼此能量的契合度如何
林醫師也提供大家整脊保健的簡單處分
還有出人意表的樂器演出

這一天 請您放輕鬆
就把這次的聚會 訂為身心的光復日吧

特別來賓：林樹成醫師
主　　席：蔡素瑛、廖學興
時　　間：91 年 10 月 25 日(周五)晚 6:30~:9:30
地　　點：台北市松江路 101 號 8 樓 (永約教會內)
《與神共舞》餐聽 02-251721071
餐點服務：雞肉或魚 兩款套餐 請先確認！

2002 不動產・宇宙讀書會 7 月活動

人不讀書 書不怨人，不與人互動 則有礙健康！

7/27 陽明山 放馬過來

很少人有勇氣去對抗紫外線
很少人願意被汗水征服
很少人可以盛夏出遊
偏偏冷氣房女王 寶幸 與王子 曾義詮認為
出走 才能有益健康
呼吸山的空氣 聞聞樹的氣味
讓大小腿拉拉筋 踢掉皮鞋換上休閒鞋
晒點太陽 是服用天然維他命 D
流點汗 是加速體內新陳代謝 做好環保

書友相伴 笑語忘機 相扶相持 一路開懷
人生沒有設限 得意時且莫空杯對月
人不讀書 書不怨人
人不與人互動 則有礙健康
要做健康寶寶 請向寶幸 義詮報到

陽明山 健康登山一日遊

時間：91 年 7 月 27 日(星期六)
集合地點：早上 8:30 劍潭捷運站 1 號出口
行程：
8:45 出發 搭紅 5 公車到陽明山公車總站
9:40 陽明山公車總站 徒步到遊客中心
10:00 遊客中心 觀賞多媒體簡介
10:30 竹子湖 追逐蟬聲 遊走綠色隧道
12:00 享用美食 至老湖田餐廳享用健康美食
13:00 下午自由行程

費用： 會員免費、非會員 大人 300 元、小孩 150 元
請自備：早餐、飲料水、帽子、大洋傘
報名專線
曾義詮 0932-222-778、02-26283261(晚)
林寶幸 0920-015-768、022781-1666 ext 211(O)

2001、10月 不動產・宇宙讀書會

宜蘭 秋之旅 行程表

團體行動，照表操課，請老爺夫人準時！

10月27日(週六)

08:00
台北中正紀念堂 大孝門前集合
10:00
石城咖啡休息站、眺望太平洋
12:00
南方澳漁港、富美餐廳午餐
13:30—14:00
南方澳豆腐岬 (爲海蝕地形、陸連島形成的壯麗多變海岸景觀)
14:30—16:30
碧涵軒珍奇鳥園(爲台灣唯一收藏80種世界珍貴奇鳥、張老板親自作導覽)
17:00—17:30
宜蘭酒廠參觀
18:00
度小月頂級美食
19:30~~~
礁溪明池大飯店 (德陽街、大忠街口 有露天spa溫泉、請自備泳衣、泡湯後可逛溫泉街買特產) TEL:03-9887736

10月28日(週日)

06:00
起床、早點
07:00
出發
08:10—08:30
棲蘭山莊小憩、換乘環保小巴士
10:10—13:00
中國歷代神木園區森林浴、午餐
14:30—15:30
棲蘭山莊 (蔣公行館、 梅櫻步道、多面採光的工藝教室)
17:30—17:50
福隆車站小憩、懷舊火車便當
20:00~~
回到台北可愛的家

領隊/
吳文良 0935-616878 王琦樺 0932-190494
特別導覽/廖學興

MAGIC 2000 不動產・宇宙讀書會 6 月份活動

養心以靜・養身以動

所以在長期的閱讀與沉思之後，我們終於要走出戶外，一起牽手看雲、洗洗森林浴了！

「東眼山」之名據說起源於：由石門水庫遠眺這座山峰時，形貌像極了一雙向東遙望的大眼睛，因此才被稱爲「東眼山」。東眼山森林遊樂區由林務局規劃，林區內以柳杉、杉木等人工造林爲主，此外還有樟木、闊葉林木等夾雜其間，樹木所散發出的芬多精可以殺菌、降低血壓，是現代人想要掏心洗肺時的好場所。

在東眼山森林遊樂區內共有三條林蔭步道，提供森林浴。

沿線都是綠樹環繞、鳥囀蟲鳴，給人無限清涼自在的感覺。一路上觀山賞樹，除了幾戶農舍不經意的躍入眼廉外，沿途盡是一派寧靜。若是花期，由山坡到溪邊盡是山芙蓉，粉紅嫩白將山色妝點的更加繽紛。

在園區內還有一條東滿步道，連接東眼山和滿月圓森林遊樂區，全長約 8.5 公里，一般人走來約 3~4 個鐘頭，體力好的人倒是可以試試。

旅遊時間：7 月 2 日 (星期日) 8:00AM
集合地點：中正紀念堂「大孝門口」(愛國東路婚紗店對面)
旅遊地點：東眼山森林遊樂區
輪值主席：林寶幸、曾義銓(主辦人)

行程安排

8:00 中正紀念堂集合出發
10:30 桃園復興鄉東眼山森林步道森林浴及享受原始森林海
12:30 東眼山休閒農場用餐
14:00 復興鄉角板山公園 VS 當令水蜜桃
15:30 慈湖或頭寮
17:00 回程

請於 **27** 日前，將參加人數及每位參加者之姓名、身分證字號、出生年月日、聯絡電話等資料，傳真至曾義銓 **FAX:02-29299637** 以便辦理旅遊投保作業，歡迎攜伴參加！。

PS.本次活動**非會員酌收 650 元**(含保險、門票、車資、飲料、午餐等)，並請 27 日前將費用匯款至**華南商銀 雙和分行 172-2000-86763 曾義銓帳戶** 以利作業，謝謝支持！

宇宙・不動產讀書會元月份活動

MAGIC 2000 首部曲 ——重溫舊夢

還記不得，當年大學時代開舞會的情形？
記憶中，沒有空調的簡陋場地裡，男女同學們各據一方，彼此偷偷互相打量著。由簡易的課桌組合成的大桌面上，鋪著俗紅色的檯布，小餅乾、糖果、汽水一盤一盤排列整齊的放著。
偶而有幾隻不知趣的蒼蠅，在上面打轉。
第一支舞的音樂響起，全場沒有動靜；不得已，班代出場走到女生對面，大夥拍手鼓噪起來，漸漸的，一對一對的男女滑進了池子裡・・・・・

創造 MAGIC 的 2000 年，不要害怕重溫舊夢，借一場歌舞，重新梳理年少的回憶、重拾年輕的活力。
所以，請您儘可能的邀請您的另一半來，與我們共舞！共舞在 2000 年的時空裡，共舞在懷念的旋律中・・・・
在 2000 年要有信念：MAGIC 的發生，沒有什麼是不可能的！

活動領隊：林淑芬・謝志皇
時間：2000 年 1 月 19 日 16:30 PM 起
地點：師大綜合大樓 3F 301 活動室　台北市和平東路一段 129 之 1 號(右側設有停車場)
活動流程：**16:30-18:00 游泳健身（師大本部泳池陳會長親自教授**
18:00-19:00 晚餐
19:00-22:00 卡拉 OK 點唱及舞會
供餐：飯店級餐盒、 PARTY 式點心、水果、雞尾酒
歡迎攜伴參加(非會員酌收 200 元)
洽詢電話：0937-0088-38(陳教授)

1、預算編列中，請於當天繳納新年度學費給新財務長—王慧玲，謝謝。
2、1/19 新舊任會長及幹部餐敘愉快，陳會長豪情許下「健康養生年」的經營目標。
3、本年度每月主席輪值表已抽籤配對完成，仍以男女雙人制為原則，名單現場公佈。
4.、上屆會長素瑛精心準備「難忘」禮物一份，將於當天發送，請勿錯過。

MAGIC 2000 不動產・宇宙讀書會 跨年活動

20 世紀 完結篇

不安定的年代，更需要好好的靜下來，安定自己的身心！

來不及在 12 月邀請各位團聚
趕在 21 世紀的初始 我們一起相擁 互道恭喜

亂糟糟的一年 不得意的一年 吵吵鬧鬧 紛擾騷動
多麼詭譎的氣氛 多麼激情的失序 多麼動盪的心神
您 身在這個年代 呼吸著 20 世紀末的煙硝
您的心是否未起波瀾 仍能笑以置之

風裡來 浪裡去
多少人生路走過 多少柳暗花明風景換
如果沒有人生的智慧 如過沒有書籍的慰藉
如過沒有這一年您我情誼的互挺
怕是愈來愈孤寂 而難以豁達平靜的迎向 21 世紀了
來吧
想跟您喝一杯 淺酌也好 醉了也罷
想跟您唱一曲 走調何妨 忘詞無傷
完結篇之後
我們繼續又翻開了 21 世紀新扉頁
這個時候 我們已把身心安定好了

尾牙大事

●時間：**90 年 1月 4日(週四)**
●地點：台北市民權東路三段 52 號 B1(香榭大道餐廳)
TEL：02-2515-6699
(1) $500 元以上的禮物請自備(摸彩、交換禮物)
(2) $600 元的活動餐費請自費 (火鍋、紅酒、卡拉 OK)
(3)民權東路上的停車位請自助
(4)如攜伴，費用同上 (須事前告知)
(5)參加與否，請主動告知 陳會長 **0937-008-838** 以便提早安排，敬請配合

幕落・掌聲響起

耶誕剛過，嘉年華的氣氛仍然濃郁的瀰漫著——
在 2000 年來臨前夕，我們還可以同聚一堂，回顧這一年。
這一年——
書，有讀；歌，有唱；山，有爬；飯，有吃；電影，看過；
淚，有流過；心，有痛過；神，有傷過；大地，曾經被撕裂過；但是都過去了。
1999 年一切都將過去了。
您留住了什麼？您珍藏了什麼？

同樣的，今年的讀書會活動也將圓滿告一段落！
謝幕前，請爲素瑛鼓掌、爲春塗鼓掌、爲慧滿鼓掌、也爲淑芬鼓掌。
同時，更要用力的給自己掌聲！
因爲您的每一次出席，都承諾了當初您對自己參與讀書會的期盼！

2000 年大幕就要昇啓——
答應彼此，一定要繼續讀書、繼續唱歌、繼續運動、繼續好好活著。好嗎？
12/29 (三)，不准有任何理由，您一定要到！

團圓之夜：88/12/29(星期三)晚 7:00PM 起
地點：台北市民生東路四段 110 號(近光復北路、停車方便)
阿蘭布拉宮(摩洛哥美食)
電話：02-2716-1660

主要活動：聚餐聯誼、改選下屆會長及幹部、摸彩
<u>提醒各位：請準備 **500** 元以內的禮物，作爲摸彩用</u>

新竹雙步道一日遊行程　　日期 0327

0700 國父紀念館4號出口

1000 清泉部落 有溫泉與上坪溪四座吊橋 張學良與三毛故居 步道8字型繞一圈平坦好走約一小時

1130_1230 清泉最有名石頭城山產餐廳

1430_1530 新竹玻璃工藝博物館

1630_1730 新豐觀海步道 沿途有風力塔 小攤販 行動咖啡館可悠閒看海看夕陽

1740_1900 坡頭港海產中心晚餐

1900_2030 賦歸台北

費用@1200（包括三餐 車費 保險 飲料 生日蛋糕）

顏永雄 蔡穎華 吳文良

1	一桌桌長	蕭海松	二桌桌長	高順鎰	三桌桌長	曾文龍	四桌桌長	戴淑華
2		蘇淑霞		詹麗芬		林英芳		崔錦芳
3		連再生		林寶鳳		陳貞彥		閻秋亭
4		陳英舜		謝錦堯		葉瑞珍		蕭少娟
5		洪淑媛		賴星濱		范祚智		徐玉蓉
6		謝紹琪		歐秀珍		趙志興		張蕙蘭
7		鄧伯川		高錦宗		蔣毓霖		梁華鳳
8		陳謝紹玲		蔡馥蔓		蔡素瑛		吳美娥
9		劉雅蓮		蕭誠		陶增道		張芳寧
10		顏永雄		黃嘉璟		林明		林祝明
11		鄭國春		吳文良		謝明秀		蔡穎華

樂樂會會長 顏永雄　讀書會會長 蔡穎華 敬啟

樂樂會總幹事：吳文良 0935616878

金錢難買健康，健康大於金錢；金錢難買幸福，幸福必須要有健康；

能旅遊表示你很健康。

老朋友見一次是一次，不要以為大家都年輕，

不要以為交通往來都方便，要知道世事無常。

老朋友 要珍惜 要感恩　三不：不談年齡 不談是非 不談政治

三要：要健康 要快樂 要大笑

人生短短數十年，要珍惜擁有~~把握當下哦~

大選之後

你「還是」可以成爲億萬富翁？

1999 年 7 月，兩國論正熱，我們讀王琦樺的「上班族基金套餐」。
當時她任職聯邦投信協理。她說：進場最是時候。
你接受她的建議，而且也付諸行動有所成就了嗎？
2000 年 3 月，總統大選結束，我們又讀王琦樺的「你也可以成爲億萬富翁」。
此時她已轉任聯邦投顧總經理。她又說：真的呀，我們都有可能成爲億萬富翁。
偷偷問她，目前資產多少？她當然不便透露，哈哈哈的猛笑，我說億萬不敢想，數百萬就好(亂沒大志的) 。
各位覺不覺得，兩次輪値主席選讀當月讀本的 TIMING 都抓得很微妙嗎？可見大家真的很關心政局對經濟與金融的影響！

投信與投顧有何不同？個人以爲，這真是大哉問啊！所以，查了一些資料，參考如下：
證券投資信託公司 (一般簡稱投信)可定義爲：依據委託人的指示，以運用信託財產爲目的而投資於特定有價證券，並以其分割之受益權分配於不特定多數人之信託。」在美國多採用「共同基金」的稱呼。在英國體係，則被稱爲「單位信託」。國內的證券投資信託公司，也常被稱爲基金經理公司 (與信託投資公司完全不同)。這是琦樺去年的工作重點。

證券投資顧問公司 (一般簡稱投顧)依據美國 1940 年代的「投資顧問法」的定義：所謂的投資顧問係透過直接方式或出版物、著作物，將有關證券之價値或證券之投資買入或賣出時機等資訊，建議給他人而收受報酬爲事務者，或是把公司發行與證券相關之分析書籍或分析報告作爲日常事務之一部分，以收受報酬爲業者(國內證券投資顧問公司遲至 1983 年才開放設立，目前已不下百家)。這是琦樺今年的業務重點。

3/30 來聚聚吧！爲聯邦打打分數！爲琦樺加加油吧！爲自己的投資理財重新審核吧！
記得嗎？**活在 2000 年要有信念：MAGIC 的發生，沒有什麼是不可能的！**
就如同：阿扁選上總統，當然，你也可以成爲億萬富翁—

3 月讀書：你也可以成爲億萬富翁 (作者：王琦樺會友)
3 月主席：陳清祥・蔡素瑛
時間：2000 年 3 月 30 日 (星期四)18:30 PM 起
地點：師大綜合大樓 5F 509 室　台北市和平東路一段 129 之 1 號(右側設有停車場)
供餐：飯店級餐盒、歡迎攜伴參加

MAGIC 2000 宇宙・不動產讀書會 **3** 月份活動

風聞有你，親眼見你

我也反覆讀著舊約裡的『約伯記』。
比起約伯，我的苦算得了什麼？我最喜歡的一段文字，就是在經過一切苦難磨練以後，神與約伯進行對話。約伯說道：「我所說的，是我不明白的，這些事太奇妙，是我不知道的。求你聽我，我要說話；我也要問你，求你指示我。**從前我風聞有你，現在親眼看見你・・・・**」
「從前我風聞有你，現在親眼看見你。」我為這句話深深感動著。我也早已風聞主，雖然我沒有親眼看見祂，主仍讓我感受到祂的存在。
「信仰，不是用來解釋人生的；信仰，是要來承載人生的。」我所需要的只是一種承擔的勇氣，我順服主的意旨。(p.225)

關於這本書『**風聞有你，親眼見你**』：一個新聞記者與乳癌故事。能說的，全都在封底的編輯筆記短文裡了。我相信任何人看了都會深受感動，為一個女人的血肉之身要承受如此椎心的磨難，終於又重獲生命而感動。

『風聞有你，親眼見你』的你，在未閱讀本書之前，我以為這個「你」應該是指「乳癌」—我曾聽說過有「你」，現在我竟然親身見證「你」的真實。直到看完本書，我才得知這句話語出聖經，是對主的禱告。

這是一個生死攸關的抗癌過程，這更是一個人真正接受信仰、願意接受主做自己的主人、願意謙卑的順服主的意旨、最後一切承擔的心路歷程。
主的安排，一定有祂的美意！祂在人的身上顯神蹟，也要人見證這個神蹟！冉亮以這本書服侍她的主！

你應該也有不同於我的諸多想法，譬如素瑛的生機療法、妃緗的信仰、芳寧的雷久南身心靈整體健康、志皇的預防醫學、春塗慈濟人的生死因緣觀、以及其他等等。期待您的蒞臨與分享！

4 月讀書：風聞有你，親眼見你

4 月主席：張慧滿・陳春塗

時間：2000 年 5 月 3 日 (星期三) 18:30 PM 起，供應飯店級餐盒

地點：師大綜合大樓 5F 509 室 台北市和平東路一段 129 之 1 號(右側設有停車場)

PS.例會延後一週，主席及會長幹部們在此向會友們，深表歉意！

MAGIC 2000 不動產・宇宙讀書會 5 月份活動

平安，是回家唯一的路！

有人說陳水扁的當選是一場美麗的錯誤，最後的關鍵在於凌厲而對味的廣告攻防奏效！
如果相互廣告還在、如果王建華陳志成還在，也許今天風光出線的，就不會是范可欽崔苔菁等ㄷ合創意廣告的這幫人，也許民進黨還要繼續在野四年！
廣告圈少了王建華、少了那一批相互人，舞台上的演出真是寂寞多了！
同樣的，遠走柬埔寨的王新，面對這樣一個跨世紀的歷史選戰，不知是否也有徒嘆無奈的遺憾呢？

如果您曾在廣告圈待過、曾跟廣告人來往過、或者曾是媒體代理商或是客戶之一，讀完這本《回家之路》，您清楚了整個當年相互廣告倒閉的始末了嗎？還是，您覺得公司會倒是必然，因爲他們根本不是做大生意的料，或者這件事我根本不關心！
主席敏慧說：一般人都渴望成功，習慣攫取別人如何成功的法門，但是對失敗卻少有人願意主動碰觸、願意謙卑學習，於是她與妃緗推薦了這本一厚達 444 頁的真人真情真故事的《回家之路》。

無論是向上提昇、自我放逐的救贖，或是 1200 萬跳票之後的向下沉淪，原來都是人性中最真實的一面，而王建華選擇了承擔與忍辱，他的家人選擇了擁抱，不離不棄給他更緊更緊的擁抱！

如果您對這個公案真的沒興趣，那麼柬埔寨的政治社會、在柬埔寨打拼的台胞情義、柬埔寨的空難悲哀、曾稼農的眼淚等等，也許都有值得一探之處。

台汽客運的車屁股有一句警語：平安，是回家唯一的路！
對作者來說，回到國內廣告圈的路仍是漫長、回到妻兒所在的家的路也還是遙遠，但是他已經在回家的路上了，而且到目前爲止，他應該是平安的，無論身體或心靈的狀態。人間最美的是溫情，我願意祝福他！那，您呢？

5 月讀書：回家之路
5 月主席：羅敏慧・王妃緗
時間：2000 年 5 月 31 日 (星期三) 18:30 PM 起，供應餐盒
地點：師大綜合大樓 5F 509 室 台北市和平東路一段 129 之 1 號(右側設有停車場)

MAGIC 2000 不動產‧宇宙讀書會 7 月份活動

請問，您為什麼嘆息？

當戶外氣溫越來越高、本月的選書仍遲遲未見寄來，心也開始有些焦躁起來。好不容易終於收到書了，一看，您會不會也深深一嘆，唉，時間如此急迫，這是多麼沉重的閱讀啊！

電訪李丞偉醫生，他竟然很興奮。他表示：自己酷愛旅行，遊蹤遍世界各地，但是如書中所提的諸多國家，卻是不可能會去的，藉著閱讀就可以延伸旅遊的深度；而且今年是千禧年，書名「千年一嘆」正有意思。他還說：他花了兩天的時間，一口氣看完了。真是太佩服了吧！

突然覺得，閱讀也會有偏食症，你的一口氣跟他的一口氣可能各有用力的對象，所以同學們，您怎麼看當今最紅的華人文史評論家—余秋雨的著作呢？是從旅遊的角度看？是從歷史的角度看？還是從一個中國知識份子的角度？甚至是「一個中國、各自表述」下的台灣人，對中國大陸及民族歷史緬懷的角度呢？

或許，您知道他與美麗妻子馬蘭結識的經過；或許您想談談他來台灣引起的騷動，以及他一貫的寫作風格或者他遣詞用字的腔調，然而最最重要的是，您終於領悟到余秋雨作品裡，真正感動人的力量是什麼？

在這次的讀本裡，為什麼作者終於忍不住要說：「在如此艱難危險的長途上，見縫插針地塗幾句，既做不了文章也做不了學術，剩下的，只是一個稍有知識貯備的當代中國文人，面對古域文明時的贊嘆、驚嘆、感嘆、悲嘆，一切嘆息都是粗糙的！」

來吧！來聚聚吧！這次，我們換個不嚴肅的場地，輕鬆的用餐，並在咖啡的誘惑香裡，交換彼此的看法！

7 月讀書：千年一嘆 (作者：余秋雨)

7 月主席：李丞偉‧羅淑芬

時間：2000 年 7 月 26 日 (星期三)　18:30 PM 起

地點：丹堤咖啡連瑣專賣店 (近仁愛度圓環)　02-2709-7808

台北市敦化南路 1 段 261 號 B1　(新學友書局敦南店樓下)

怎麼樣？佩服得五體投地吧！

回想一下自己的求學生活，好像都沒有這小子來得精彩或痛快。
哇拷，馬拉松賽跑、游泳比賽、籃球隊、查國字比賽冠軍、到各班演講拉票競選學生會幹部、高中加入美式足球隊(擔任策略指導)、寫劇本、拍電影、上大學拿下新生杯英文演講比賽總冠軍、加入國際經濟商學學生協會、開始接觸社會企業家，做募款的工作。
然後呢？在 20 歲的時後，他竟然認真思考：究竟自己「想成爲什麼樣的人」、「要過怎樣的人生」、「如何活下去」等人生大問題。
從小就對穿著很講究，希望年紀大了，依然能做個帥氣的男人。
怎麼樣？他真的很優秀吧！嗯，想像中他應該有 187cm 高、72kg 重，長得像劉德華、有電腦資訊人的氣質吧！

不錯，他的確跟別人不一樣！
關於自己，他形容剛出生的自己，就像身體上黏著幾個小馬鈴薯一樣；說走路，其實是利用不到膝蓋高的短腿，平貼在地面上，拖著屁股走，您覺得：他像不像是在講什麼絨毛玩具、還是稀有動物的？並且有點害臊地承認，過了二十歲還未自覺自己的殘障。
「哦，因爲我在我媽媽肚子裡的時候就生病了，所以我的手腳沒有長好。」
「有人戴眼鏡對吧那是因爲眼睛不好，我也是因爲腳不方便，才坐輪椅。」
「這只是我身體的一種特徵」，沒什麼好奇怪的啦。
乙武、乙武建築師的父親、還有第一次見到乙武時候，禁不住低呼」「卡娃伊」的媽媽，怎麼樣？這一家人真是令人佩服得五體投地啊！您的看法呢？

特別邀請 圓神出版社 社長特別助理一黃榮輝先生蒞臨指導，並帶來十月底乙武洋匡訪問台灣三天的活動照片，絕對獨家！絕對夠酷！

宇宙・不動產讀書會 11 月份活動

11 月份主席：林寶幸・陳和睦　　11 月份讀書：【五體不滿足】

時間：88 年 11 月 24 日 18:30 PM 起
地點：師大綜合大樓 504 室(右側設有停車場) 台北市和平東路一段 129 之 1 號
供餐：採歐式餐廳外燴方式(以人數計)
電話：0937-0088-38(陳教授)

※歲末，會長請大家準備 30 字內的私房心得，以編錄在 2000 讀書會筆記本內，要記得哦！

關於詩

這一次
只震落了我所有的頭髮所有的眉毛而已
我的臉還在

這一次
只震掉了我半隻鼻子一隻眼睛兩隻耳朵而已
我的嘴還在

這一次
只震裂了我一個下巴兩片嘴唇十三顆牙齒而已
我的頭還在

這一次
只震斷了我八隻腳指兩條大腿一隻手臂而已
我的胸膛仍在

這一次
只震碎了我的脊椎我的血管我的胸膛而已
我的心尚在

一次一次一次又一次
我永遠也震不碎震不裂震不斷震不掉震不落的心
永遠存在

作者/羅青
摘自 9/26 中國時報人間副刊

九月主席：趙秋萍・陳濤祥
閱讀：葡萄園詩刊

活動時間：**88** 年 **9** 月 **29** 日(星期三) 晚 **6:30~9:30**
活動地點：儷之坊(LYLES CAFÉ) 台北市慶城街 14 號
電話：**02-27126608.27187038**

9 月的讀書會照常舉行，遲至今日通告，非常非常抱歉。

宇宙不動產讀書會元月份活動

立即運用【80/20 法則】

收穫？豈僅是讀完一本書而已！

注意了，這本書不太好啃，您必須先確定您參加讀書會的目的是什麼？因爲，一分耕耘不一定只有一分收穫，也許零分、也許八分，就看您使的力，是否使對了方向、用對了角度？就看您重視的價值是什麼！

什麼是不平衡的 80/20 法則現象？
企業追求的 80/20 成功法則是什麼？
個人追求的 80/20 幸福法則又是什麼？
了解了這套像是電腦程式的心智軟體之後， 這本書還告訴您—*作法？*
如何一步步開啓並儲存您的新視界與新行動！

距讀書會的時間愈來愈緊迫，您需要更有效率的閱讀這本—
金石堂 87/11 月 非文學類暢銷排行榜上第二名
金石堂 87/12 月 非文學類暢銷排行榜上第四名的
英國作者 Richard Koch 所著的 80/20 法則！
高順鎰學長說：羅淑芬妳想的很清楚，但是卻做得不清楚！
現在，我知道爲什麼了！

書讀：【80/20 法則】
主席：羅淑芬 // 指導：高順鎰學長
時間：88 年 1 月 27 日 6:30pm 起
地點：謝篮茶藝館
地址：台北市中山北路 2 段 85 號 2F
電話：02-2561-7711(馬偕醫院對面、郵局隔壁)
停車：成淵國中地下、新生北路高架橋下

活動流程

・餐敘(18:30~19:50) →・本月壽星慶生(19:50~19:55)→・心得分享(19:55~21:25)
・臨時動議(21:25~21:35)→下月再見

重要訊息

1.新年度新氣象，書香與友誼共融，請把私人的各種商業活動暫拋會外，謝謝。
2.請準備繳納新學年度年費—財務長張慧滿。

間一直再琢磨，我覺得還蠻快活的，在做自己喜歡的事。
等會兒大家談，無論好的、壞的，如果有問題要問我，我可以儘量老實說。
這個路程我是一步一腳印在走，目前比較高興的是，現在覺得腳比較踩在地上了。至於其它的名位、金錢，這些社會對我的檢驗，那也只是一部份了。

謝志皇：

看這本書頭有點暈。過沒多久，淑芬來電問書看的怎麼樣？剛好看到：如何用80%的時間看那 20%重要的部份，就好了。有了這個觀念，覺得第二部份蠻不錯的，就從第二部份開始看。企業篇部份沒看，但是高教授都有提到—80%的業績來自 20%顧客上。「服務」對所有客戶來說都很重要，但是我們卻一直在做重新開發的動作。
這本書裡提到，以前講時間管理，現在講時間革命。其實很多事是你不需要去做的，專職專責專任分工作業，才能從時間解脫出來，得到更多時間。時間管理和時間革命的差異，放下管理晉級革命，即使我們不親自去做某件事情，仍能有好的回收效益。
看第二部份愈來愈振奮。提到成就部份，第 13 章提到聰明人與懶蟲，培養有創造力的懶蟲，第 245 頁矩陣管理圖就很有意思。
這本書有很多值得一讀再讀的地方，並且可以提供很多不同的啓發。

卓忠三：

我的個性幾乎跟順鎰兄完全不一樣，當然我也在慢慢修正中。泰戈爾是我很喜歡的詩人，他的詩句「生如夏花、死如秋月」意境是很美的。
來讀書會，一開始，從順鎰兄的導讀，就得到了很多的收穫。
其實我個人並不是很贊成這本書的原則，這只是參考，如果說你的 80%收入來自 20%的客戶的話，我想很多人會死在這裡。像去年上市公司國揚一案，銀行平常放款給大公司，等現在出問題了，才回來找小公司，這種做法是值得商榷的。
以我來說，我的收入的 80%來自 5%，可能更少，即使是很大的案子一個人來作，還是要做很基礎的工作。記得我要當律師的時候，一位長輩就告訴我，我就是要做普通的工作，才能得到想要的東西。沒有 95% 如何襯托這 5%，而且我愈來愈相信 5%是因爲你去服務那 95%而得來的，所以我不太贊成要花很多的時間去經營少數人，應該是普遍的去做，這比較好。 第二個感想是，人生到底追求的是什麼，我一直在思考在反省，我到現在還不了解。去年我就跟我太太說：我們把台北的事業收收，回鄉下過，房子賣掉回鄉下，生活太好過了。後來沒有走的原因是，小孩在這裡，沒有權利要孩子跟著自己的決定走。去年做了一件現在回想起來不是很對事情，就是把家搬到山上去，結果我跟我太太沒有受到影響，小孩上學出門卻很不方便，這讓我想到，做任何事情不能只考慮自己而已。第二個感想是，我認為人除了追求幸福外，這不是一切，人還有責任，想想你這一輩子來到世上要做的是什麼？
我討厭我的工作，很煩，都是人家的糾紛，每一件都很煩，雖然到了一個階段可以篩選客戶，但是還是要做基礎的工作，後來，我想如果你會把糾紛“切“的很漂亮，那就很愉快了。
第四，以我的信仰，交朋友我的看法是，要慢慢學會沒有分別心，即使是乞丐他也能啓發你的憐憫之心，不是只特別結交 20%有用的朋友，並自嘲自己是不是會在別人的 20%重要朋友圈內。
我為什麼會來讀書會？平常我是不會看這種書的，我大部份多是讀經濟、政治、法律、宗教的書，來這裡很快樂，可以讀不同的書並且很 enjoy 讀書會的氣氛。

蔡秀美：

人生有兩個目的：一個是追求你想得到的、一個是享受你所得到的。一般人都是忙於不斷追求、卻疏於享受。最近房地產不景氣，我就用 80/20 去學插花、攝影、書法，為自己的後半生做規劃，插花拿到執照後可以教人，買斷一年做一、二件就夠了。日前黑幼龍也在一篇文章提到：人生的價值金錢並不是唯一，有能力又能做你有興趣的事才有意義。人生可以用 80/20 法則，可是工作好像比較難，大概是類別比較多，像不動產如果用 80/20 去經營，一定會餓死。不同區域面對不同客層、不同級數及不同訴求，很難用 80/20 去經營，但是在不景氣，你可以 8020 運用你的時間，選擇第二項你所喜歡的事，好好規劃，其實這本書跟一個人的下半輩子有密切關係。
第 39 頁寫到：「千萬不要把一本書從頭到尾讀完，除非你是為了享受讀書本身的樂趣。讀一讀結論、再讀一遍引言，然後再讀一次結論，接著讀一下有趣的片段。」
本書封面上：80/20 法則指出，在因和果努力和收穫之間，存在著不平衡關係。典型的情況是，80%的收穫來自 20%的努力，其他 80%的力氣只帶來 20%的結果。
封底泰戈爾有云：「我們錯看了世界、卻說世界欺騙了我們。這個世界不是以你所想像的方式在運行。」商業活動這種情形比較少，感情生活動就很貼切。
李季準：「世界有兩個，一個是疆域可以衡量的世界、一個是用心和想像的世界。」很多時候你是帶著想像在看世界的，所謂 80/20，不是不要用分別心，是節省很多交朋友的時間。
我做房地產的，很少留家裡的電話給客戶，避免無謂的干擾。
私底下，要有幾個好朋友，有沒有想過，半夜求救的電話可以打給誰？誰才是此時此刻你可以求援的朋友？有些事情，除了配偶之外，還可以跟誰分享？我一直在想這個問題！男女思維畢竟有別，除了配偶之外，我們是不是還有一二位知心好友呢？可以在半夜的時候打電話過去的呢？
(高順鎰說不要打給我，全場哄堂。有人建議打給會長)

劉天然：

仔細聽聽律師的心聲，他是活在強烈的衝突中，很希望能有一些柔情和感性。他的工作就是解決衝突。我十九歲、大一讀泰戈爾，大考還在讀、也讀莫泊桑，「生如夏花、死如秋月」這是很美的境界；另一首歌也很感性「最大的幸福，就是和你一起慢慢老去」真浪漫，台灣人的生活品質其實不是那麼浪漫，「生如木炭、死如火餤」品質不好，所以我們要顛倒過來，我們中年人要多看看爸爸媽媽，常常與他們相處，不要活的時候不孝、死的時候亂跳。
關於這本書，這是一本非常好的書、是一種思考方式、也是一種分析工具。尤其貪心的人，更要會這東西，要不斷不斷的掃描，尋找最有回收效益的，尋求那最有價值的 20%，把 80%儘量縮減，這是第一個感想。
第二個呢，如果碰到 trouble 的時候，想到 80%的損失會產生在比較重要的，比較 key 的 20%上。
至於順鎰兄說到，聽太太的，我太太她也不是順民，這兩個月我聽妳的、下兩個月妳聽我的，損失才不會太慘重。
在工作上，常常我的資源會繃得很緊，我太太就常說我煮十壺水只有九個蓋子，十壺水都開了，九個蓋都蓋不住。80/20 很好，掃描目標的時候一定要用這方法，去思考，掃描到重要的 20%、掃描到重要的案子、重要的客戶、重要的事業，再投入下去。我曾有一個案子，三年不發市、發市吃三年。
這本書，假如一次看了頭昏，明天再看，頭不昏的時候會有幫助的。正面反面都可以用，碰到很大 trouble 的時候，你要找找出重大的、嚴重的錯失在那裡？另外我要說，不對。高其昀說讀書是一種享受、一種終身的快樂。就好比吃蛋糕，你會頭吃吃、尾吃吃，中間丟下不吃嗎？不對嘛！
(天然大哥對讀書的態度非常嚴肅ㄡ，秀美回應：當然不是每一本書都這樣看。卓忠三說：天然兄是要找機會跟妳聊天啦。)

林寶幸：

80/20 早先在管理界就已經是蠻盛行的法則了。
80/20 這不是絕對的區分，如 20%的努力 80%的報酬或是 80%的投入只有 20%的獲得。理想的狀態是：投入 20%的努力或策劃，有 80%的獲利及報酬，如果投入跟產出有這樣的比例，那就是相當優秀的人了。不管做任何事，好好先策劃可能成功率，好好思考，如何推動是可以達到最大效益，那麼投入 20%是相當重要的，會得到 80%相當好的結果，反之，如果投入 80%時間精力，只獲得 20%的成果，就會洩氣。

智慧用在五個方向，在本業之外做其他跨業投資，到最後一無所獲、全都浪費掉了。我到五十歲才想通：一個人的雄心壯志不會就正如你想的一般順暢，回過頭來好好思考一下，自己最大的專長是什麼？最大的興趣是什麼？然後全力以赴，才會有成果，我深信不疑。這個時候我們不談個人事業、爲人、婚姻等，這裡談到婚姻， 離婚的人就一定不好嗎？我一直在追求這個答案，其實離婚者日後也有兩極化的表現，那結婚到底是好或不好？我到五十歲還會爲這個問題思考，對或不對？

不過這本書就對了，好好品味 80/20 法則，看這本書心情很快樂，也認識自己很多，也知道不景氣之後何去何從？如何再出發、再做好？根據統計：去年真正賺錢的人僅有 15%，平平 SO SO 的 25%，其他人呢？還好，我們都是比較幸運的，但是幸運者下一步的危機在哪裡？當下看這本書很有價值，很有意義，回去還要好好看它。

王慧玲：

80/20 法則聽了很多年，學了很多年，但是有沒有用到很多年，就很難講。

我覺得跟進入社會的階段性有關，剛進社會的時候，我是用 100%的投入學習全面性的了解，經過一段時間之後，用 80%投入做一件事，慢慢的，因爲工作的熟稔度及接觸層面的放大，慢慢會精簡時間和往來的對象，看這本書是有階段性的，在工作或同事當中，有用 80/20 或 30/70 法則者甚至用 100%的心態去做每一件事的，可能在他個人的經驗裡，他沒有想到可以以更精簡更單純的的方式去追求他 20%，自己則很期待能用最簡單最容易的方法，提昇自己的生活或工作，包括與學生在一起相處也是這種觀念。

第 219 頁提到：哪一種事業給妳最大快樂，弄清楚你自己的狀況你在什麼情形下最快樂如何運用你的時間會懂得花 20%力氣做一些事，自然時間就會多出來就可以找你自己想要的了。

因爲年齡成熟度的不同，對人生的價値也有重新的認識，會要求自己用最少的時間去做最大最有效益的事情。

陳春塗：

其實 80/20 對每個人的運用都不同。

很佩服順鎰兄提出三個見解：量入爲出、謹慎行事、做人生的實驗。這幾年來我對他有幾個字的形容：覺得他活在他的當下，做自己最快樂的事。在 298 頁裡提到：「快樂是一種責任，我們選擇快樂，我們應致力於獲得快樂。」

去年一年我有很大的變動，我走過來了，我很感謝各位同學的幫助，讓我走出自己一片天空，現在才知道自己想要什麼—自己想要一個真正屬於自己的生活。這幾年有一直朝這個方向在走。我以前所失去的，沒有現在我所獲得的多，我有一個夢想，從那時後起夢想逐步形成，我想成爲一位行醫的人，這是我以後要走的路。或許對父母而言，成家、立業、繼承等很重要，但我對金錢不是很在乎，我在乎的是心靈成長。這些日子跟著一些醫生義診，聽病痛者談病痛、談爲人子女的不孝順，像是一面鏡子，讓我反省我是否有做到照顧父母的責任，我承認我常犯的錯就是吝於對自己最親密的人付出、疏於照顧，卻對外人很好，今年我試著要把這種關係改善過來，去聆聽父母的心聲，是我今年最大的希望。好好的退到第二線，扶持我弟弟起來，慢慢退居幕後，慈濟的事我還是會做，更多的時間研讀中醫的課程，如有所成、考上執照，考慮退出，幫助真正需要幫助的人。這是我此時的觀點，感謝順鎰兄給了很多啓示，不要吝於向親近的人說愛，而世上有兩件事是不能等的，就是行善、行孝。

湯英：

拿到這本書的時候，昏倒，用遍各種最輕鬆的方法，看不到 10 頁。

後來跟同事研究，知道了，用 20%時間參加這個活動，充實自己 80%的心得。

我蠻贊同卓律師和慧玲姐的看法，這個法則看似必須遵守的定律，如果要拿它來操作事業或工作，我想是不對的，尤其是創事業時候。

創事業有所謂的草創期、成長期、穩定期、王永慶就可能是 90/10。對我們剛創業的來說，對市場、對客戶要掌握，很多時候必須是 100%。對我而言，很多事情我不勉強但求盡力，即使整件事失敗了，只要盡了力，還是很開心，它不是一件失敗的事。

室內設計走了十幾年，老客戶居多，客戶會產生客戶，客戶的口碑很重要。

我跟秀美姐不同，室內設計師必須 24 小時待命，家中電話要留給客戶，若有屋況隨時服務，室內設計師猶如每一個家庭保姆或管家，所有行業也只有室內設計師可以融入到業主的私密生活裡，這很容易贏得客戶的心，也容易得罪客戶看用什麼心態去做。

看了這本書，我想我可能還是會照我的方式走自己的路，但是它會是帶著我走向成功的一個法則，希望回去再重新看它，現在有用的挑出來用，不可以用的，等我成功的時候，再和大家映證 80/20 是對的。

徐正漢：

算是我第一次出席，其實一頁也沒看，但是順鎰兄的導讀就把這本書的精隨講完了，幾乎可以說這本書已經讀完了，也講了很多人生的哲理，清祥兄也提到地雷股的企業最近的倒閉風波，最主要沒有運用高兄所說的三個原則：量入爲出、謹慎行事、在可以忍受的範圍內做不同的嚐試，如果這三個原則都想到的話，就不會產生槓桿使用失調的現象。

其實 80/20 聽了很久，它是一個觀念、一個思考的方式，我看的話，重點有兩

蔡素瑛：

在 248 頁有一個觀念「贏家通吃是今日常態」。
我想提民視，對民視，我稍爲有些了解。像「春天父母心」，一個節目一天的廣告收入就將近 700 萬，它是一個小時的收入搭二個廣告，一個月以 22 天算，就有一億五千四百多萬的收入。想想一個小時節目可以養民視 600 多人一半開銷，一來，這表示節目的強勢，好像投資 20%創造了 80%的利潤，相對來說，很可能就是一個很大的危機。在於太相信某些東西，太相信這個節目可以創造無限財富，若一有閃失，可能 20/80 的投資報酬率翻天變成 80/20 的殺傷力，這本書非常值得再三咀嚼，高博士也導讀的很詳細了。

高順鎰：

聽完大家的發言，有一重點要加強大家印象的是：80/20 它是一個方法，最重要的是你的方向。每個人的人生階段及價值觀、目標都不同，你覺得現階段生意最重要，這個方法可以 support 你，你覺得友誼最重要，它也可以提供你方法，就像羅盤和馬錶。先把方向搞清楚，該往那個方向走，否則效率很快又有什麼用。最重要的，就是回到自己，別人都只是你的參考。
有云「小人恆立志，君子立恆志」，我以爲 30 歲階段一年看一次效果，40 歲階段，以三年看一次效果。羅盤是看方向的，由自己判斷，馬錶則是用來評估效果的。
生命不用羨慕人家也不要看輕自己，當你決定方向之後，有個父親兒子騎馬入城的故事，就要常常想起。人生有困惑，很好，想想騎馬進城的故事，只有你可以回答自己在不同階段的需求與滿足，做你自己、拿定心，好不好只有自己知道，這樣你人生就活了起來。
80/20 這個只是方法，沒有對錯，就像馬錶。至於羅盤，是由自己來操作的，所以徐正漢說 do the right thing 比 do the thing right 重要，還有 do the thing right 的 first time 就要 do right，儘量少犯錯誤，尤其是人生的經驗愈多的時候，更應少犯錯，總不能一直在錯誤中學習。每一階段雖然不同，但是每次要更紮實，每次的改變是不容易的，更要深思熟慮，決心改變就去做了，不要三心兩意。
人沒有什麼好壞，朋友也沒有什麼分別，都是由個人來決定現階段自己重視的目標是什麼而已？用這樣的方法來參考，基本上，不會太離譜。

哇！終於大功告成啦！

終於不用再在晚上聽錄音帶、搭火車也聽錄音帶，再到公司打電腦了。

對不起我的總經理！最近上班上得魂不守舍的！

《後記》

思想與言語之間的 糾纏與叛離

之前你所想的，是否一如你當場所說、所表達的？
也是否一如我現在所整理出來的？
思想(想法)、言語(說話)、文字(記錄)這三者的關係，在這一場不斷倒帶聆聽、聆聽倒帶的過程裡，我發覺了它們之間的曖昧與叛離。
因著現場人、事、物、環境的觸動與發言順序思維的被導引，情境的非主觀可以控制，於是你有備而來的思考，透過語言展現之後，有了奇異的面貌—*思考是完整的、口語表達是零碎的；思考是自主的、口語表達是被情境帶動的*、這樣突梯的面貌，你還認得嗎？
事隔多月，你會驚訝你當晚的困惑、當晚的感性嗎？也許你所說說的，並不全然是你所想的；而你所說的，我已經整理成文字，成為紀錄了。
說話如射出的箭，出去就回不來了。人豈能不慎思慎言啊！
但是，若要慎思慎言，則這一篇至情至性的文字，就很難出現了吧！
希望未能出席的會友都會喜歡這篇文稿！並從中獲得你所想得到的！這就是我最大的滿足了！(羅淑芬)

玖

創會會長手寫詩文

書友

以書會友
砥礪成長
友誼常存
人生溫馨

1998 曾文龍

讀書會

讀書聚會最清純
廣博知識勤鑽研
知識力量無限大
書到用時方恨少

1995 曾文龍

勤學

天道酬勤

唯勤能補拙、熟練

跨越困難

鐵杵磨成繡花針

輕舟已渡萬重山

2018.2.23 劉文龍

TAIPEI TECH Since1912 國立臺北科技大學 National Taipei University of Technology

快樂

快樂，是一种心境
無關乎財富
無關乎痛苦
是一種高度的修養
是經過人生的淬練
一種淡然，自然流露

曾文龍

2018.1.14

今晚精彩演講的新法律 租賃條例

TAIPEI TECH Since1912 國立臺北科技大學 National Taipei University of Technology

聰明與智慧

聰明不等於智慧
聰明人處處可見
有智慧者則寥若晨星
不經千錘百鍊
無以進入智慧殿堂
世有伯樂
然後有千里馬
千里馬常有
而伯樂不常有
此之謂乎

2018.1.21. 曾文龍

We Tagungszentrum
we meet · we eat · we sleep

We Hotels & Gastronomie

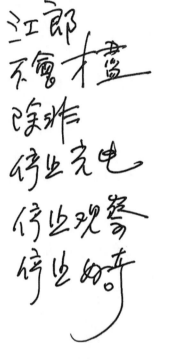

江郎
不會才盡
除非
停止充電
停止觀察
停止好奇

[illegible]
2018.
1.21.

www.we-tagung-muenchen.de

we Tagungszentrum · Schwanthalerstr. 36 / Goethestr. 11 · 80336 München / Munich
Tel. +49 89 55 111-986 · Fax +49 89 55 111-992 · bankett@we-tagung-muenchen.de
Betreiber: Wickenhäuser & Egger AG

1912 - 2012
100 Jahre
Familie Wickenhäuser
in München

We
Tagungszentrum
we meet · we eat · we sleep

Hotels & Gastronomie

人生如夢
翩翩起舞
莊周蝴蝶
大夢誰覺

用德國慕尼黑的信紙

2018.1.23 [illegible]

www.we-tagung-muenchen.de
we Tagungszentrum · Schwanthalerstr. 36 / Goethestr. 11 · 80336 München / Munich
Tel. +49 89 55 111-986 · Fax +49 89 55 111-992 · bankett@we-tagung-muenchen.de
Betreiber: Wickenhäuser & Egger AG

1912 - 2012
100 Jahre
Familie Wickenhäuser
in München

華旗飯店
VICTORIES HOTEL

海納百川

海纳百川
何其壮观
何其優美
何其安祥
然而
也是人世间
難以突破的修養
心胸难以拓广大啊
悲剧不断重演啊

中国哈尔滨信纸

2018.1.26 宋文薛

地址：中国哈尔滨市红旗大街301号 邮编：150090 电话：86-451-81868888 传真：86-451-88026666
Address:No.301 Hong Qi Street, Harbin, China Post Code:150090 Tel:86-451-81868888 Fax:86-451-88026666

盛景·尚峰酒店
The Summit Hotel

河川已經很大了
很壯觀了
讓人留連了

但海更大
一山比一山高啊
一海比一川巨大啊

謙卑啊
不管如何寬天吧
謙卑着
滿把握
收之謙手

海洋為巨川

用廣東中山市信紙，給中山的故鄉

周文藏
2018.1.27.

广东省中山市东区东裕路93号
No.93 DongYu Rd, Eastern Dist, Zhongshan, GuangDong
T +86-760-8823 3888 F +86-760-8888 3336
P 528403 www.zssummithotel.com

取其优矣
避其缺矣
只論优矣
不深缺矣

优缺矣

[illegible] 2018

每個人的困難
常是自己造成的
總喜歡怪別人
讓自己活的不快樂

反求諸己

曾文龍 2018.2.

晉朝陶淵明說
有粗茶淡飯
就很喜樂
不敢奢望美味佳餚
他沒想到
物質豐厚的現代
親近粗茶淡飯
才能遠離癌症

最專家所羨
就敢棄甘肥

粗茶淡飯

2018.2.17 大年初二
曾文龍

（專供公務使用）

81. 8. 40,000

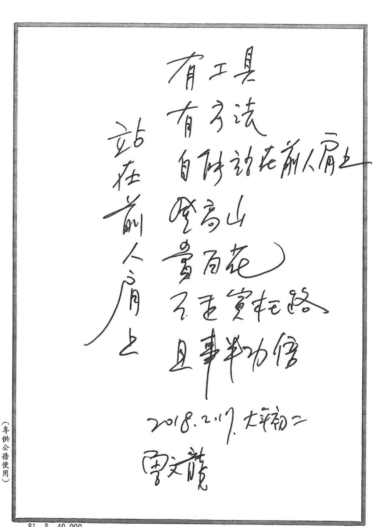

有工具
有方法
自然站在前人肩上
登高山
賞百花
不走冤枉路
且事半功倍

站在前人肩上

2018.2.17.大年初二

曾文龍

（專供公務使用）

81. 8. 40,000

國立臺北商業大學
National Taipei University of Business

人生的災難
無時無刻
平安
才是硬道理
2018.3.5
[illegible]

書

書是最忠實的朋友

不但不會背叛

還永遠陪著

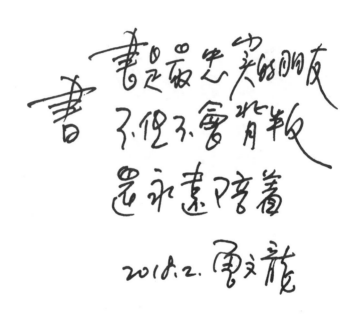

2018.2. 曾文龍

書是最廉價的投資
最巨大的收穫

收穫大

2018.2. 曾文龍

宇宙不動產讀書會

每月一句話

日期:87.1.21

書名:讀書會創造命運

姓名	分享心得
吳文良	希望每個人今年更成長、更快樂、在讀書会內更開心。
陳和勝	讀書会讓我們在一起成長、歡愉、增加見聞。
洪翠櫻	參加讀書会,使我更有智慧、更成熟。
陳文龍	真是活到老學到老、學到老學不了.
王慧玲	回首入會之初至今,一切的豐富無可言喻,讀書成了我每日糧食,督促我終生學習
張 英	讓我從陌生到熟悉,它像是一個家庭歷史,它讓人完全融入和諧。
曾義鋌	第一次參加,又期待,又怕受傷害.
蕭秋華	讀书会是令人想往的地方,更是我想往的地方。
張芳寧	讀書会讓彼此交織,豐富了我們的心靈
廖[illegible]	一點一滴 點點滴滴 積少成多

宇宙不動產讀書會

每月一句話

日期:87.1.21

書名:讀書會創造命運

姓名	分享心得
陳春瑩	讀書會的每一個同學，都是阿彌陀佛派來幫助我的，謝謝
陳達祥	心靈領域的寬廣，與書共舞，悠閒自得，平安多福.
王琦樺	參加讀書會，開創自我智慧
林寶幸	浴入讀書會書香氣息的洗身，心靈馨香之質自然流露.
楊家昌	因為參加讀書會，才讓自己每月看完一本書，我很珍惜這一份感覺.
馬怡諾	春天過了是夏天，秋天收成冬天藏，好棒喲！

宇宙不動產讀書會

每月一句話

日期：87.5.26

書名：人生因夢而真實

姓名	分享心得
顏乾陽	我快樂，是因為我知道自己生命的本身了無缺憾
吳文良	"師莊師心"渡己渡人 乃願教授人生經驗之精華，付諸實踐。
張芳寧	且開放心靈，接納新的可能，轉識成智.
張玉秀	成長是喜悅的，作自己的主人，多愛自己，
陳柏睿	閱讀莊子是閱讀自己、反省自己以求精進。
周朝陽	人生如夢、夢如人生、
蔡秀美	人生天地之間，若白駒之過郤，忽然而已。
蔡素瑛	如如本性若是石頭就別去學飛翔、否則將墜地、若讀自以為是魚將石沉大海。

宇宙不動產讀書會

每月一句話

日期：87.5.26

書名：人生因夢而真實

姓名	分享心得
鄭志皇	人生是一齣自編、自導、自演的戲，太在意別人~~的評語去影~~響自己的專業，保持一顆為自己負責[illegible]不受他人影響
曾義[illegible]	透過作者現場的討論，使的本次的會議、更有意義。謝謝主席安排。
浩 英	活在當下、無論生活環境壓力如何、好好愛自己、愛家人、愛周遭一切一切用真誠的心、誠實的面對自己、"負責"是很重要的。
卓忠三	人生啊！當下即是真，緣去即成幻。

宇宙不動產讀書會

每月一句話

日期：87.5.26

書名：人生因夢而真實

姓名	分享心得
謝秋萍	人生如夢，夢想成真的過程是真實！
[illegible]	春风能容霸，秋水不染塵。
[illegible]	常常喜樂，凡事謝感，珍惜此刻。
鄭秀[illegible]	人類因夢想而偉大，敢做夢、也希望有能力去圓夢。
[illegible]	偉大的夢，才能讓人有生氣。
王[illegible]華	人生最大的煩苦是拼命自尋煩苦，藉由「去」「忘」的功夫來解脫

宇宙不動產讀書會

每月一句話

日期：87.2.25.

書名：糊塗懷念多－七十回憶

姓名	分享心得
林賚李	認真用心扮演好每一角色，有原則，有氣度，克勤克儉經營豐富的一生，豈是真糊塗
張芳寧	是全方位的兼容並蓄，在成長的任何時候勤力向上，於投入的領域中，穩當中求新求變
黃義雄	多看、多聽、多學。
陳清祥	讀得爽快，用得實在。專心專注的投入事業，更須本書的智慧
馬順鐘	「任何做事，站穩腳跟，立於不敗之地，是成功的基礎」，提醒我們「做事要腳踏實地，一步如果不踏實，絕不再跨出第二步」，陳文龍先生真是位實務的大智慧者。

宇宙不動產讀書會

每月一句話

日期：87.2.25

書名：糊塗憶今多－七十回憶

姓名	分享心得
吳文良	白手成家，成功典範，仁者可嘉，為本會會友共修而來的福報與慧報。
蔡麗卿	努力、學習、成長，勤能補拙，唯有不斷學習成長，才會有美好結果。
湯英	風風雨雨實實在在，既踏實又真誠，七十年的歲月真實記載，是我們邁向成功
王慧玲	警界竟然有這麼一號人物，太稀奇，一生的自我規則之細緻，實在無人可比，值得當我的生活準則。
陳裕雄	立身處世的規矩可為晚輩模範，經營事業從無到有點點滴滴值得效法，每句話都可作人生處世的生活準則。
曾文龍	為後輩留下珍貴的人生準則，為人生之鑑
劉長銘	大時代的見證，持之以恆的努力，絕對是成功的人生。
周朝陽	祝讀書會同學們虎年行大運，新春一路發。
陳春奎	平安就是福，凡是不計較比較就好。
卓忠三	萬般皆是命，半點不由人。

後記——新書預告及會友芳名錄

宇宙讀書會第2本書預告——「宇宙讀書會回憶錄」。

目前已完成50篇，歡迎大家一齊寫回憶錄，歡迎繼續提供讀書會的珍貴史料，以下為近年來最常來讀書會的會友芳名錄——

蔡穎華　曾文龍　顏永雄　劉雅蓮　林寶幸　邱傳茂　林詠心　高順鎰　張芳寧

蔡素瑛　陳和睦　陳貞彥　林學賢　鄭國春　蔡馥蔓　林祝明　林寶鳳　范祚智

陳鎮華　張振城　洪薏晴　楊治林　程素梅　林尚慧　張嘉恩　陳秀真　周聖玲

黃秀碧　洪煊惠　廖美淑　龔秀芳　楊雯蘭　……　……

註：名錄若有遺漏，敬請海涵，並請告知，下次再版時將再行補正。

宇宙讀書會歷任會長簽名錄

宇宙讀書會回憶錄

●諸多名人來到宇宙讀書會共享書香——

王建煊也來了

飛躍的羚羊——紀　政也來了

亞太影后、金馬影后陸小芬也來了

作家陳銘磻也來了

登山王高銘和也來了

兩岸企管大師——楊望遠也來了

趙寧博士也來了

明星張瑞竹也來了

大作家陳若曦也來了

名作家邱秀芷也來了

村上春樹作品台灣翻譯家賴明珠也來了

……

大日出版社　書目

<房地產系列>			
書號	書名	作者	定價
1	房地產過去、現在、未來	曾文龍 / 著	350 元
2	誰來征服房地產	曾文龍 / 著	250 元
6	探索地價漲落之謎	洪寶川 / 編著	250 元
8	房地法律防身術	楊金順律師 / 著	200 元
9	公平交易法 vs. 房地產	陳怡成律師 / 編著	200 元
10	陽宅致勝寶典	盧　尚 / 著	250 元
11	台灣土地炒作內幕與療方	馮先勉 / 著	300 元
12	房地產經營致富寶典	馮先勉 / 著	300 元
13	中外不動產投資理財	楊肇鋒 / 著	290 元
15	掌握台灣房地產系列 (一)	住商不動產 / 編著	250 元
17	掌握台灣房地產系列 (三)	住商不動產 / 編著	250 元
20	台灣省房地產市場分析（上）	住商不動產 / 編著	250 元
21	台灣省房地產市場分析（下）	住商不動產編著	250 元
22	突破房地產交易陷阱	陳國雄律師 / 編著	250 元
23	宏觀海峽兩岸房地產	許慶修 / 編著	150 元
24	30 天輕鬆購屋	陳義豐 / 著	250 元
25	掌握大陸不動產投資決策	謝潮儀 / 著	250 元
26	人與房地產的戰爭	吳家昌 / 著	290 元
30	掌握地政脈動	趙達文 / 著	250 元
31	房地產復活手冊	汪儒毅 / 著	280 元
32	大陸房地產解釋名詞	田懷親 / 著	300 元
33	建築經營實務	程添旺 / 著	390 元
34	掌握全方位不動產	王應傑 / 著	250 元
35	節稅致富妙方	曾文龍 / 編著	250 元
36	房屋買賣實務寶典	周茂春 / 著	270 元
37	預售屋疑難信箱	張義權 田懷親 / 合著	230 元

43	房地法律保護傘	楊金順 / 編著	300 元
57	房地產與建築產業網路行銷策略	曾定祁 / 編著	250 元

< 房地致富系列 >

1	46 位房屋金仲獎得主推銷秘訣	曾文龍 / 編著	300 元
2	頂尖房仲業務高手創富祕訣	曾文龍 / 編著	300 元

< 知識經濟系列 >

1	知識名人的成功祕笈	陳啟明 王穎珍 / 編著	350 元
2	全力以赴 - 水利生涯 60 年	黃金山 / 著	490 元

< 高普考系列 >

書號	書名	作者	定價
46	不動產經紀人重要法規	曾文龍 / 主編	800 元
53	不動產估價概要	黃國保 / 編著	500 元
54	民法概要突破	大日出版社 / 編著	550 元
56	不動產估價理論與實務考古題解析	游適銘 / 編著	320 元
58	不動產投資 & 不動產經濟學考古題解析	游適銘 陳柏廷 / 編著	280 元
59	不動產經紀人選擇題 100 分	曾文龍 / 編著	500 元
60	不動產經紀人歷屆考題解析	曾文龍 / 編著	500 元
61	不動產經紀法規要論	曾文龍 / 編著	500 元
62	土地法規與稅法	曾文龍 / 編著	500 元
63	不動產稅法 VS. 節稅實務	黃志偉 / 編著	550 元
64	如何考上地政士？重要法規 VS. 考古題	曾文龍 / 編著	700 元
65	土地登記實務突破	大日出版社 / 編著	400 元
66	不動產估價學	游適銘 / 編著	500 元
67	土地登記理論及實務寶典	曾秋木 / 編著	450 元
68	地政士歷屆考題解析	曾文龍 / 編著	500 元
69	不動產估價理論與實務歷屆考題	游適銘 楊曉龍 / 編著	470 元
70	考上估價師秘訣．法規．考古題	曾文龍 / 編著	700 元

< 突破系列 >

2	房地風水致富	盧 尚 / 著	250 元
3	透視公平交易法	周德旺 / 著	300 元
4	公平法對房地產的衝擊	陳國雄 / 著	200 元
5	大陸房地產展望暨重要法令	曾文龍 / 著	260 元
6	房地產營業實戰與策略	住商不動產 / 編著	250 元
7	房地產開發與銷售訣竅	許旭明 / 著	270 元
8	住家、風水、搖錢樹	陳勝雄 / 編著	250 元
9	前進上海教戰守策	吳璨煌 / 編著	250 元
10	人間天堂	曾文龍 / 著	180 元
11	購屋、消保法、建商	陳國雄律師 / 著	250 元

＜五術天地＞

2	輕輕鬆鬆學算命	錢思吾 / 著	250 元
3	輕輕鬆鬆學易卦	錢思吾 / 著	250 元
5	接待中心風水致富指南	汪儒毅 / 著	280 元
6	八字真學一柱論命訣竅	鍾一鳴 / 著	350 元
7	測字知錢途	申子玄人 / 著	250 元
9	輕鬆學算命	錢思吾 / 著	320 元

大日出版有限公司

臺北市大安區忠孝東路四段 60 號 10 樓

◎電話：（02）2721-9527　　◎傳真：（02）2781-3202
◎銀行匯款：永豐銀行 忠孝東路分行（代碼：807）
◎戶 名：大日出版有限公司　　◎帳 號：101-001-0050329-5
◎網址： http://www.bigsun.com.tw

★訂購 1000 元以下者另加郵資 65 元，1000 元 ~2000 元者另加郵資 80 元，2000 元以上免運。

★匯款完成後，請傳真收據，附上地址 / 收件人 / 聯絡電話 / 購買書名，以便寄書。

金大鼎文化出版社 書目

書號	書名	作者	定價
	< 健康管理系列 >		
1	中國健康養生要訣	申子玄人 / 著	190 元
2	心靈藝術治病強身	申子玄人 / 著	190 元
3	規劃一輩子的健康	林若水 / 著	180 元
5	創造天使的臉孔	楊志賢 / 著	180 元
7	漂亮不求人	余秋慧 / 著	200 元
8	太極拳一代宗師李雅軒修煉心法	陳龍驤・李敏弟・陳驪珠 / 著	320 元
9	楊氏太極刀槍劍修煉心法	陳龍驤・李敏弟 / 著	320 元
10	太極拳一代宗師李雅軒珍貴遺著	陳龍驤・李敏弟・陳驪珠 / 著	590 元
11	陳龍驤太極拳悟真	陳龍驤 / 著	500 元
	< 允軒拳話系列 >		
1	陳氏太極拳【基礎 24 式】	洪允和 / 著	450 元
	< 太極即道 >		
1	太極拳本義闡釋	陳傳龍 / 著	630 元
2	太極拳透視（上卷）	陳傳龍 / 著	1,000 元
	< 投資理財系列 >		
1	大陸投資祕笈	陳豐明 / 著	360 元
2	魔鬼兵團推銷要訣	李幸模 / 著	250 元
3	企業再造 (新世紀觀教育訓練)	劉俊宏 / 編著	200 元
4	上海・買房聖經	吳燦煌 / 編著	250 元
5	年輕人如何完成購屋大夢	林鳳英 / 編著	250 元
7	20 年房屋代銷戰爭與法律	曾文龍 / 著	450 元
8	台商接班問題之突破	陳明璋 / 著	250 元
9	台股投資暴富密碼	黃賢明 / 著	300 元
10	教導孩子正確理財觀念	唐潔如 / 著	270 元
11	中國房地產常用法規	曾文龍 / 編著	450 元
12	全球投資大師創富金鑰	黃賢明 / 編著	300 元
13	金融投資技術關鍵密碼	黃賢明 / 著	300 元

14	掌握大陸房地產兼習簡體字	曾文龍博士 / 編著	300 元
15	奢侈稅實務判例研析	曾文龍博士 / 編著	350 元
< 全面成長系列 >			
書號	書名	作者	定價
1	讀書會創造命運	曾文龍 / 編著	200 元
2	新兵入伍自救手冊	楊明智 / 著	200 元
3	Game 到耶魯	蔡靜馨 / 著	380 元
4	宇宙讀書會 32 年操作實務（增訂新版）	曾文龍 / 編著	500 元
< 經營管理系列 >			
1	潛能激發管理兵法	楊望遠 / 著	420 元
< 人相統御學系列 >			
2	看手相規劃人生	洪耀通博士 / 著	200 元
3	看面相透視人心	洪耀通博士 / 著	200 元
8	商店風水致富	盧 尚 / 著	250 元
9	八字與九星命理要訣	陳育群 / 著	390 元
10	看姓名論一生	洪耀通博士 / 著	250 元
11	揭開面相之生命密碼	洪耀通博士 / 著	250 元
12	快樂學紫微	江青川 / 著	250 元
< 高普考系列 >			
A8	土地稅法規及實務解析表解	黃志偉 / 編著	350 元
A9	如何考上估價師？重要法規 V.S 考古題	曾文龍 / 編著	700 元

金大鼎文化出版有限公司

臺北市大安區忠孝東路四段 60 號 10 樓

◎電話：（02）2721-9527　◎傳真：（02）2781-3202

◎網址：http://www.bigsun.com.tw

◎劃撥戶名：金大鼎文化出版有限公司　◎帳號：18856448

★訂購 1000 元以下者另加郵資 65 元，1000 元 ~2000 元者另加郵資 80 元，2000 元以上免運。

★匯款完成後，請傳真收據，附上地址 / 收件人 / 聯絡電話 / 購買書名，以便寄書。

國家圖書館出版品預行編目資料

宇宙讀書會32年操作實務／曾文龍編著. -- 增訂
一版. -- 臺北市：金大鼎文化，2018.05
面：　公分. --（全面成長；4）

ISBN 978-986-92310-7-7（平裝）

1. 讀書會

528.18　　107004885

全面成長4

宇宙讀書會32年操作實務

編著者／曾文龍
發行人／黃珍映
編　輯／編輯小組
出版者／金大鼎文化出版有限公司
10688臺北市大安區忠孝東路4段60號10樓
網　址：http://www.bigsun.com.tw
出版登記：行政院新聞局局版北市業字第200號
郵政劃撥：18856448號／金大鼎文化出版有限公司
電　話：（02）2721-9527
排　版／龍虎電腦排版股份有限公司
電　話：（02）8221-8866
製版印刷／松霖彩色印刷事業有限公司
電　話：（02）2240-5000
總經銷／旭昇圖書有限公司
地址：新北市中和區中山路2段352號2樓
電　話：（02）2245-1480
定　價／平裝500元

2018年5月 增訂一版
1998年元月 第一版